U0134919

股市沒有專家　只有贏家與輸家

絕不龜縮!
再度**公開當沖交割單!**

股市

陳信宏(當沖贏家)

開啟致富的鑰匙

提款卡

聯合推薦

台証證券業務副總 **俞全福**

《漫步台股》作者 **維我獨尊**

聚財網人氣版主 **期貨如行雲流水**

暢銷書《台指當沖交易秘訣》作家 **李堯勳** (自由人freeman)

推薦序

　　本人在證券商從基層的營業員做起，到高層的地區督導，服務廣大眾多的投資人，親眼見證了股市中投資人的血淚心酸史。長久以來，大多數的投資人皆以虧損居多，但仍有少部分的人，能夠成為賺多賠少的贏家。這裡所指的股市贏家，並非是受到幸運之神眷顧，偶爾做對一、二次行情的贏家，而是長期以來的大贏家，在初期，他們從數十萬元資金起家，完全靠台灣股票市場操作，增長到數億元的資產，目前是將股票投資操作當作職業的投資人。他們不僅在台灣股票市場獲取超高額報酬，亦見其家庭美滿幸福，侍奉雙親至孝，栽培子女教育至國內外研究所以上，從事公益行善更是大手筆布施，其大愛精神令人尊敬。這些股市贏家，並未具有深厚財經學術背景，亦無公司內線訊息交易或是與非法主力掛勾，但在台灣股市操作卻能有卓越績效。

　　我很敬佩股市贏家陳信宏先生，能將每月實際交易的證券交割憑單公布出來，檢視其資料從民國95年6月至民國98年9月總共40個月，其中僅有1個月小小虧損，其餘39個月皆穩定獲利。期間歷經3個狀況不同的大波動，台灣加權股價指數首先上漲3627點，隨後下跌5904點，接著又大反彈向上漲3603點，盤勢變化難測，但是不論漲升波動、下跌波動或是跌深反彈波動，股市贏家陳信宏先生皆能保持每月穩健的獲利。

民國98年4月，陳信宏先生出版《股市提款機》一書，立即造成轟動並成為年度暢銷書，獲得投資大眾的喜愛，本人於國立中正大學高階主管管理研究所EMBA碩士論文，亦以其股市操作致勝方法為論文的研究對象之一。

　　本次股市贏家陳信宏先生再出版《股市提款卡》一書，讓我們瞭解，能成為股市贏家並不是沒有原因的，紮實的基本功，對於股市遊戲規則瞭解透徹並事先掌握先機，方能大大提高致勝率，獲取安穩的報酬。

　　本人快樂推薦《股市提款卡》一書給大家，本書全部以實際交易實例來說明，是真槍實彈的難得教材，投資人多閱讀幾次或放在手邊隨時查閱，相信有助於你位列股市贏家一族。

台証證券業務副總經理

俞全福

千線萬線不如一條網路線

　　投資人流傳著一句「千線萬線不如一條電話線」，意思是如果可以得到內線消息，就是最好的獲利保證，特別是早期外資尚未正式進入台股前，市場主力作手的影響力大到可以呼風喚雨，他們就是投資人唯一的信仰。後來外資進入台股，基本面分析的觀念帶進台灣，也逐漸改變一般投資人的選股方式，這幾年投資人慢慢發現，外資研究報告裡的建議，經常與其操作完全反向，如果想從大戶們那裡分一杯羹，根本只有任人宰割的份。

　　一般投資人到底有沒有辦法從股市中獲利？答案當然是有的，只不過能賺錢的畢竟是少數，而且通常都異於常人，怎麼說呢？舉本書作者信宏兄為例，當我第一次聽到其操作方式與績效時，根本以為是騙人的，心想世界上不會有這種人，可是當我深入瞭解、確認屬實後，竟有種相見恨晚、驚為天人的感覺，除了佩服信宏兄的膽識與勇氣外，對於其在股市觀察入微並確實執行買賣策略也感到不可思議，更令人興奮的是，信宏兄竟然願意將其實戰操作心得記錄下來並出版，以造福更多的投資大眾，這樣的精神著實令我欽佩。

要和市場中的大戶廝殺，手中一定要有工具，對於一般投資大眾而言，最強的武器就是網路。除了可以在網路上即時查到許多資訊外，也可以在聚財網上找到很多股友的討論，而各券商所提供的網路下單介面也越來越快速好用，不論是想要當沖或是利用各種交易方式的人，網路都能提供很棒的服務。因此，散戶在市場上已不是弱者，透過網路快速方便的特性就能掌握全世界，我們看到信宏兄以個人的力量在股市中來去自如，每個月都有穩定且驚人的績效，意味著只要有好的策略與方式，散戶想要在股市中賺大戶的錢，已經不是不可能的事。

　　然而什麼才是好的策略與方式？我想每個人的條件與個性不同，絕對不會有標準答案，但投資人可以參考信宏兄所著的《股市提款卡》與前著《股市提款機》，好好深入研究這兩本書，最後再歸納出自己的最佳策略，進而在股市中如魚得水、穩定獲利。

《漫步台股》作者

維我獨尊

推薦序

知識的力量

交易的世界裡存在著各種類型的操作模式，各擅勝場的贏家在熟悉的領域裡持續從市場淘金。信宏兄無疑在股票操作領域有卓越深入的研究與成就。

信宏兄曾提及操作講求科學依據，本書更是詳盡闡釋其在這方面的獨特見解。書內各章節提到的證券交易法規都是觸手可及的資訊，投資人只需分類歸納，便可建立有系統的進出模式，但或許因取得容易，一般投資人反而易於忽略。本書以實戰操作說明法規資訊的運用時機與交易前後心理分析，正是對「知識的力量」做了最佳的註解。證券法規並不單純只是企業罰則或資格考試用書之類的象牙塔知識，觀察法規實施影響層面與市場變化，彙整不同時段的市場資訊，轉化為操作知識，即可發揮可靠力量與穩定獲利。

當沖的領域可區分為不同的時間週期，週期長短端視個人交易風格與風險承受程度而定。在當沖的章節中，本書也介紹在最低風險之前提下，如何掌握當沖進場時機點與當下思考模式，以及標的股票選擇與出場時機。特定的當沖獲利模式與跡象總是不

斷循環出現，機會是給準備好的投資人，而不是倉促進場的人。信宏兄慷慨分享實務操作資訊，不啻 有志此道的投資人提供一個研究方向。

電腦科技快速進步，金融制度商品創新，這都是這個美好年代的散戶投資人之優勢與挑戰，誰能利用知識將環境轉化成自己操作的優勢，就能在股市中淘金。

知識、紀律與情緒控管擘建當沖交易之攻守版圖，於書中均可見信宏兄的實戰經驗之言。欣值本書出版之際，個人有幸為之撰推薦序，祝福讀者在交易的世界裡更上一層樓。

聚財網人氣版主

期貨如行雲流水

推薦序

　　本書作者不吝嗇地分享其獨特的交易策略，充分運用股市資訊，獲取驚人的報酬率，著實讓我敬佩不已。當市場上充斥著技術分析的理財書籍之際，《股市提款卡》算是很另類的理財書，書中所提的交易方式，尤其是利用「證券交易法」的條文規定，經過作者有條理地推論，進行高勝算的交易，更是讓我感到驚艷。原來在股市裡也可以有這樣的交易方式，獲取幾近無風險的大利潤。

　　我本身也是一位靠交易維生的專職操作者，專長是「台指當沖交易」。很多人對於當沖交易或另類的交易方式往往存有很大的質疑，然而沒見過或沒聽過的交易模式並不代表它們不存在，好比有人可以用左右手各握一隻滑鼠做價差交易，如同周伯通的「左右互搏」；有人可以一天交易上千口台指；有人可以一天24小時都在市場上交易；而本書作者則是可以每天在股市交易2000萬以上的成交值。這些都是交易市場上的成功者，我們未必要學習他們獨特的交易方式，但是他們成功的共通點──「正確的交易心態」，才是我們應該要學習的地方。

　　「正確的交易心態」在於如何規避風險，讓交易者避免大賠。作者在書中一直強調，股票當沖或是另類的交易方式並不是一種賭博，這些都是在精細的分析之後，在可預見的風險下所決定的交易策略，交易者僅賺取應賺的利潤，絕不冒著無法預估的

風險進行交易。當你忽視交易的風險時，交易就變成賭博，如果無法察覺、即時抽身，只怕將墜入交易世界的無間地獄，無法翻身！

看完《股市提款卡》之後，如果你能夠調整你的交易心態，接納不同的交易方式——雖然你不曾聽過這樣的交易，可是它的勝率卻很高，足見作者在這方面的用心——《股市提款卡》將為你開啟另一扇交易之窗。

暢銷書《台指當沖交易秘訣》作者

李堯勳（自由人freeman）

推薦序

　　《股市提款機》一書上市以來，引爆一股先睹為快的搶購熱潮，意外成為今年書市的黑馬，個人忝為其作序，自感與有榮焉。

　　然而不可諱言的，《股市提款機》書中所敘述的，仍有諸多條列式、原則式或概念式的內容，對讀者而言，確有意猶未盡之憾，作者秉此初衷，試圖努力、完整的呈現操作思維的全貌，乃有本書的誕生。

　　個人與作者結識以來，觀察其操作股票大抵有二種模式，一為使用融資、融券進行短線交易（當日沖銷），一為尋找股價被嚴重扭曲的標的進行現股交易，這二種方法透過作者很有規律的執行，皆能運用自如，提高勝算，其中必有獨特的「撇步」可資參酌。

　　參酌之一是，當日沖銷提供投資人避險與投機的管道。就投機而言，往往在操作過程中潛藏著陷阱及風險，導致虧損者眾，因此，如何在既定的交易時間裡，鎖定標的，提高獲利勝算，是短線交易者最為迫切習得的課題。本書作者以其自身涉足股市的操作經驗，搭配軟體平台，毫無藏私的娓娓道來，讀者可從中細細研讀、推敲，深入了解其操作精髓，並加以咀嚼、吸收，必能有助於操作能力的提升。

參酌之二則是，常言道：「工欲善其事，必先利其器」，欲在股市叢林求生，了解規則並靈活應用是生存的不二法門。作者在書中用極大篇幅介紹相關規則、如何運用以趨吉避凶、如何從無疑中起疑來解讀訊息，俱見作者用心與細膩之處，相信定能為廣大讀者帶來裨益。

　　投資是辛苦的，是一連串學習的累積，用心不一定能擠入贏家行列，但不用心鐵定會成為輸家。本書作者的用心規劃，獻給投資道路上用心的讀者，冀望讀者能擁有自己的「股市提款卡」，故樂為之序。

姚嘉派（券商經理，證券資歷20年）

自序

在各位讀者的支持下，拙作《股市提款機》意外的成為年度暢銷書，在此先感謝大家的支持。尚未出書之前，其實我個人還滿鄙視出一系列書籍的作者，因為我總覺得他們大部分的主要收入應該不是股市裡的獲利，而是出書的版稅。所以在我寫《股市提款機》時，我心裡就已決定僅此一本，就當作留給自己的紀念。

如今隨著《股市提款卡》的出版，想必許多讀者應該都有相同的疑問？為何還要再出第二本書呢？其實出第二本書的動機很簡單，主要是得到許多讀者的來信鼓勵與支持，每當收到讀者的感謝信函，心裡就會有一股莫名的欣慰與成就感，這種喜悅更甚於在股市裡的金錢獲利。

另外一個重要的原因就是，在《股市提款機》出版後，筆者常常收到讀者的來信，請教有關於書裡的問題，有些地方筆者或許寫得不夠詳細或有所疏漏，故決定將前作中讀者較常有疑問或是較不明白的地方，藉由本書再詳細的補充說明。

基於上述原因，筆者再度將自己於股海裡的經驗心得集結成冊，希望這本書能幫助各位讀者邁入贏家的行列，透過本提款卡讓股市成為自己的提款機。

前言

大家都知道股票市場裡贏家總是少數,許多人為了成為少數的贏家,努力不懈的學習各式技術分析,希望自己有朝一日能鑽研出在股海裡橫行無阻的絕招秘技。坦白講,有這種觀念的人,不論花了多少心思研究,不管再怎麼比別人努力,最終也將付諸流水。

因為在股海裡並沒有所謂的絕招秘技,只靠著它就能讓你橫行股海,贏家之所以能成為贏家,除了自己正確的觀念與心態外,還要精通股海裡的遊戲規則,並且加以靈活運用。

許多人想成為贏家,一味的追求股海裡的絕招秘技,卻連最基本的遊戲規則都不懂,如此本末倒置,如何能夠成功呢?

當然筆者的意思並不表示懂得越多規則就一定成為贏家,若真如此,那麼各券商的營業員或是股務人員都將是股市裡的常勝軍了。

真正的贏家必須懂得基本的遊戲規則,並會靈活的運用,將它導入實質的交易面,再配合自己豐富的實戰經驗,如此在股海裡將無往不利。

在本書中,筆者將先為各位介紹一系列的基本交易規則,並以自己本身的實戰例子教導讀者如何運用,只要大家都能夠活用,那麼人人都能邁入贏家之行列。

目錄

壹
認識股票市場的基本規則　　17

貳
關於減資的股票　　31

參
關於增資的股票　　37

肆
關於全額交割　　47

伍
信用交易的取消與恢復　　71

陸
關於下市的股票　　81

柒
分盤交易　　95

捌
隔日沖　　　　　　107

玖
當沖（上）　　　　115

拾
當沖（下）　　　　131

拾壹
停損　　　　　　　139

拾貳
爆大量後的跌停打開　145

拾參
關於除權息　　　　155

拾肆
交易雜記　　　　　161

附表
獲利統計　　　　　175

股市提款卡獨家贈品
部落格售後服務　　187

認識股票市場的基本規則

📄 信用交易

信用交易分為「融資」與「融券」兩種。

▷ 融資

融資就是以部分自備款作擔保,向證金公司或證券商融資一定額度的資金來購買股票,一般而言,上市股票融資為六成,亦即當你買進10萬元的股票,券商會幫你代墊6萬元,你只要準備4萬元的資金就可以了。至於上櫃股票則是規定融資五成。

當然所謂的融資成數並不是都一成不變的,對於某些短期內價格激烈波動或是財務有問題的公司,各家券商基於風險考量也可能調降融資成數。

券商的獲利有一部分就是靠著融資金額的利息而來,利息是按日計算,每家券商的融資利率都不盡相同,不過大約是在年利率6%左右。

然而使用融資雖然賺得快,但相對也賠得更快,這是怎麼說呢?

以融資六成為例,當你買進10萬元的股票,你只需要拿出本金4萬元,當股票漲了四成到14萬元時,你就賺了4萬元,也就是說你的本金已經翻了一倍;不過假如股票是跌了四成,從10萬元跌到6萬元,那麼本金也賠光了。因此筆者特別反對一般人使用融資,**玩股票沒必要賭身家吧!!**

關於融資的缺點,已在前作《股市提款機》中詳細討論過,故不再贅述。

⇨ 融券

融券就是投資人繳交一定成數的保證金，向證金公司或證券商借股票賣出，並於一定期限內再買進該股票補還證金公司。

買賣股票不一定只能賭漲，也能賭跌，所謂的賭跌就是融券。當你覺得某檔股票要跌了，你就先向券商借股票來賣出，等待價格下跌後，再買入低價的股票還給券商。

舉例來講，當台積電股價100元時，你預測它即將下跌，所以在100元融券它，當它如預期的下跌到78元，你在78元融券買回，暫且不論手續費，你就賺了100元－78元＝22元。而證券公司的獲利則是向你收取一筆融券手續費用，即賣出總金額的萬分之十。

融券方面，上市的保證金是九成，上櫃則為十成，以上市為例，當你放空10萬元的股票，你就必須拿出9萬元的保證金。

融券和融資有一點很大的不同就是，融資時，券商對你按日收取利息；但融券時，反而券商要按日支付利息給你。

✠ 融券利息：

(融券保證金＋融券賣出擔保品)×年利率千分之一×X÷365

融券賣出擔保品＝賣出總金額－證交稅－交易稅－融券手續費

X＝你融券的天數

舉例來講：

當我放空10張100元的台積電，則我的融券手續費為

$10 \times 1000 \times 100 \times 0.001 = 1,000$元

融券保證金為$10 \times 1000 \times 100 \times 0.9 = 900,000$元

融券賣出擔保為$10 \times 1000 \times 100 - 3000$(交易稅)$-1425$(手續費)$-$
1000(融券手續費)$= 994,575$元

所以理論上若融券時你擺得越久，反而對券商越不利，因為券
商將按日支付你融券保證金與融券賣出擔保品的利息。

要使用信用交易，除了在券商開立普通戶外，必須另外申請才
行。

申請信用的資格為：

1. 年滿20歲的中華民國國民。

2. 開立任一家證券商的證券戶期滿三個月以上。

3. 交易對帳單一年以內有10筆以上交易紀錄，累計總金額須達所
   欲申請的融資額度之50%。

當然信用交易的資格除了要滿足以上3點之外，如果要申請A級
以上的信用等級，則須再付上財力證明，通常財力證明為所申請的
融資額度之30%。

如下表所示：

信用等級	融資額度	融券額度	交易紀錄	財力證明
第B級	50萬	50萬	25萬	不需要
第A級	100萬	100萬	50萬	30萬
第一級	250萬	250萬	125萬	75萬
第二級	500萬	500萬	250萬	150萬
第三級	1000萬	1000萬	500萬	300萬
第四級	1500萬	1500萬	750萬	450萬
第五級	2000萬	2000萬	1000萬	600萬
第六級	2500萬	2000萬	1250萬	750萬
第七級	3000萬	2000萬	1500萬	900萬
第八級	4000萬	3000萬	2000萬	1200萬
第九級	5000萬	3000萬	2500萬	1500萬
第十級	6000萬	4000萬	3000萬	1800萬

「財力證明」可以是下列其中之一：

◎ 不動產所有權狀影本或當期繳稅稅單。

◎ 持有有價證券證明。

◎ 金融機構存款證明。通常只要拿最近一日的活期存摺餘額即可，這是最簡單也是最簡便的方法。

🗒 斷頭

使用融資買股票卻毫無風險意識的人，是需要好好研讀這篇，因為未來的日子裡多多少少一定會用到，出來混，遲早都是要還的。喜歡擴張信用買股票的人，一定要先做好總有一天遭斷頭的心理準備。

融資維持率＝(融資擔保證品市值÷券商融資給你的金額)×100%

現行的法規規定，當融資維持率低於120%時，將要追繳保證金，如果你湊不到錢，券商將強制賣出你的股票，這就是所謂的斷頭了。

通常收到追繳保證金時，大部分的人是拿不出這筆現金來的，因為會用融資就表示你擴張信用，手裡是沒有多餘閒錢的，否則哪還需要融資？何必將高達6%的融資利息給券商賺？

喜歡用融資的人，就算平常手裡頭真有那麼些閒錢，那也是再融資買股票去了！

舉例來講：

當我融資買進100元的台積電，融資金額六成，也就是60元(券商借給你的錢)

我的融資維持率＝100÷60×100%＝166%

當台積電跌到90元時，我的融資維持率＝90÷60×100%＝150%

當維持率低於120%時，券商將發出追繳令，通知客戶於兩個營業日內補足融資差額，客戶若未能於二個營業日內補足差額，券商

將於次一營業日，於集中交易市場處分擔保品，這就是斷頭了。

簡易的計算方式為當初融資買進之價位×0.72，就是你收到追繳令的價位。

100×0.72＝72，當台積電跌破72元時，融資維持率將低於120%。

至於上櫃股票融資為五成，所以簡易算法則是以當初融資買進的價位×0.6，就是你收到追繳令的價位了。

⇨ **斷頭的自救**

在股票市場裡，沒人希望遇上這檔事，大家應該常常聽到新聞報導或親朋好友哪個人因為玩股票賠了錢，負債幾百萬甚至上千萬後跑路或輕生了，究其原因不外乎斷頭，因為跌破了維持率而開始向親朋好友借錢補足差額；股價一路持續下跌，所以需要不斷地借錢。不論是在多頭或空頭，這個悲慘的戲碼幾乎年年都會發生。

會被斷頭的原因其實很簡單，貪心，只要不貪心就不會用融資，不用融資更不可能會被斷頭。

當你面臨追繳保證金時，最大的抉擇就是該繼續補錢或是自我了斷(指的是股票)？通常一般人的選擇都是繼續補錢，因為害怕賣出股票後，股票就開始漲了，不過筆者覺得很奇怪，為什麼你不去想賣出股票後股票也可能繼續下跌呢？既然股票之後的漲跌你已經不確定、沒有把握了，那麼再留著也只是在「賭」罷了，那為何不出清，重新再來呢？

　　當你舉債補足融資差額時，代表你掉入這個無盡的深淵，因為這時也表示該股已經下跌了一段，這就是所謂的弱勢。

　　當斷頭賣壓出現時，跌勢並不會只有一兩天，聰明的主力作手會持續的摜壓股價一大段，直到那些舉債補足差額的融資戶們投降，股價才會止跌反轉。

　　這也就是為何融資差額越補股價卻越下跌，而**股價的波段低點總是會爆大量**，因此散戶往往都是殺在最低點──這就是人性。

　　所以筆者認為，該斷頭時就讓它斷吧！雖然自我了斷賣出股票時，只會剩下少許的資金，但只要還有資金，一切就能從頭開始，也才有翻身的機會。**在股票市場裡，活著才是最重要的！**

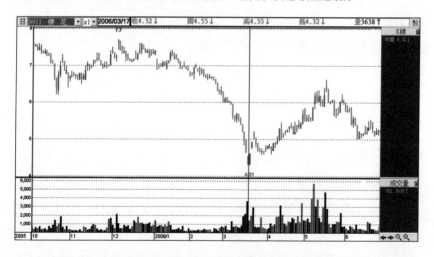

　　長期下跌趨勢中，波段低點總是會伴隨著爆大量，所以散戶往往都是殺在最低點──這就是人性。

📄 季報、半年報、年報

依據證交法規定，上市櫃公司的財務報表必須在限定的日期公布，而這些財務報表究竟重不重要呢？答案是肯定的。

通常年報是在每年的營業年度終了後四個月內公布；半年報是在每半個營業年度終了後兩個月內公布；季報則是在每季終了後一個月內公布；至於每月的營收則是在隔月十日前公布上月的營收。

一般的公司都有一個壞習慣，那就是在期限內的最後一兩天才會交出財報。

知道了以上的規則後，就能歸納出每年的四月底將公布去年的年報和今年第一季的季報；第二季季報因為和第一季季報組成半年報，故每年的八月底公布今年的半年報；第三季季報則是在十月底公布；至於第四季的季報則合併至年報，所以會在隔年的四月底一起公布。

一般上市櫃公司會在期限的最後一天將公司的財報上傳至公開資訊觀測站，所以我們可以在該網站查詢最即時、最正確的公司財報。

網址如下：http://newmops.twse.com.tw/，如例圖：

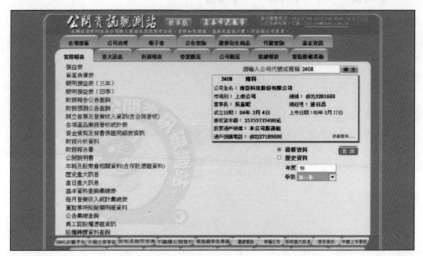

　　許多散戶買股票喜歡以財務報表為主要依據，並計算其本益
比。

本益比＝股價÷每股稅後純益＝P÷E

P：每股股價；E：每股稅後純益

　　許多股票的書籍或是股市裡的專家們都告訴大家「買股票必須
買本益比低的股票」，其實這是一個非常錯誤的觀念，因為在這資
訊發達的時代，任何公司公布在市場上的資訊，也代表股價已經馬
上反應了，亦即當你在網路上或是電視上看到某家公司的利多消息
時，這家公司的股價也已經反應這個利多了。

例如2009年7月8日收盤後，華映有了這則利多新聞：

《光電股》林蔚山：新科技將讓華映鹹魚翻身，震撼性夥伴近期揭曉

【時報記者何美如台北報導】大同(2371)集團董事長林蔚山今日表示，華映(2475)目前產能利用率有提升，但還是不滿意，預估第三季不可能賺錢，但第四季有希望。展望未來，他說，會導入電子紙、閱讀器等新科技，有機會「鹹魚翻身」。此外，他透露1～2個月後會公布具外界感到震撼性的夥伴，將取代WP，但目前還沒辦法透露相關細節。

當天因為已經收盤了，所以這則利多將反映在隔日的開盤價。如果因為純粹看到這則消息而去買該股票，是討不到任何好處的。因為開盤價將反映了任何的利多或利空。

7月9日，華映開盤漲停一價到底。

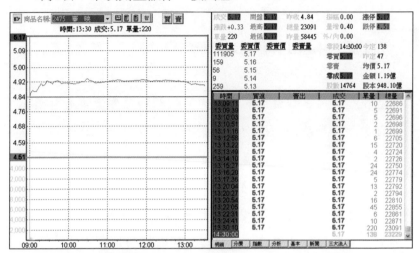

7月10日，華映開盤漲停一價到底。

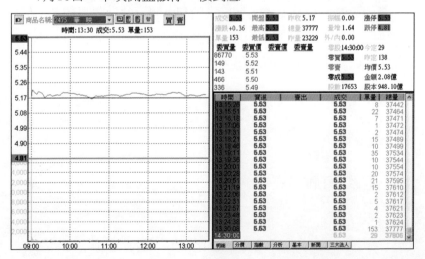

7月13日,開盤並未鎖死,所以當大家都買到的時候,就是這個利多已經反映完畢的時候,之後股價的漲跌和這個利多並無相關。

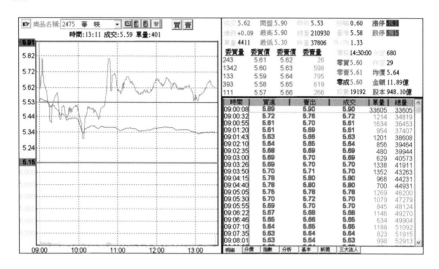

同樣的道理,當你知道該公司的本益比時,別人也看得到這些資訊,所以其實已經反映在股價上了,故本益比的高低和股價並沒有絕對的相關。

雖然公開的資訊已經反映了股價,我們無法靠著它獲利,但是資訊背後所隱藏的秘密卻是很重要的,這些就是所謂的有用的資訊,只要能好好利用它,我們將能在股市裡所向無敵,這些將在之後幾個章節好好的討論。

關於減資的股票

通常股票增資主要分兩種，一種是現金增資，另一種則是盈餘轉增資與資本公積轉增資。

1. 現金增資：公司印股票拿出來賣給投資人，以增加營運資金。（此點將在後文另外討論）

2. 盈餘轉增資：盈餘本來是要發給股東作為股利的，但公司將盈餘保留作為營運資金，而另外印股票給股東作為股利。

　　股票減資主要也分兩種，一種是現金減資，另一種是減資彌補虧損。

1. 現金減資：將公司多餘的現金發還給股東。

2. 減資彌補虧損：主要將發行在外的總股數減少，進而提升每股淨值。

　　許多被打入全額交割股的公司，最快提升淨值的方法就是減資彌補虧損。這個方法雖然會讓該股股東的總股數減少，但減資後股價相對的也會提升，所以理論上對該股東的權益是沒有影響的。

　　以S股為例：

　　假如你持有S公司1000股，股價現為5元，淨值3元，該公司打算減資75%，那麼減資後該公司的淨值將為：

(該公司目前淨值)÷(1－減資幅度)＝3÷(1－0.75)＝12元

減資後，新股上市的參考價將為：

(該公司股價)÷(1－減資幅度)＝5÷(1－0.75)＝20元

減資前你的股數為1000股，股票價值為1000×5＝5,000元；減資後，你的股數變成250股，股票價值為250×20元＝5,000元

股票減資、換發新股這段期間是暫時停止交易的，所以通常這段期間的大盤(或同類股)走勢對新股上市後的漲跌會有很重要的影響。

如果這段期間指數大幅上漲，那麼新股上市後也將以上漲居多；如果指數(或同類股)是大幅下跌的，那麼新股上市後也將以下跌為多，這就是所謂的補漲或補跌。

不過如果這段期間指數(或同類股)是盤整，那麼新股上市後大多以下跌為多，這是為什麼呢？

減資前後雖然對你的股票價值並沒有影響，但是我們必須要思考一個問題：

S公司因為持續的虧損，才會導致淨值只剩3元，也因為持續的虧損，股價才會變成雞蛋水餃股，目前市價為5元；減資後雖然總股數減少了75%，但價格卻突然變成了20元，在一般的投資人心裡，平時只值幾塊錢的爛公司卻要20元才能買，這對大部分的人來講，是無法被接受的，也因此減資後新股上市的前幾天，價格面臨下跌的機會是非常大的。

以宏達電為例，大家都知道宏達電是一家績優的公司，假設其目前股價為400元，許多人可能想買但因價格太貴買不起，如果有一天他的股本增為10倍，股價變成40元，這時許多當初買不起的人就會來買了，就是這個道理。

萬泰銀(2837)減資後一路下跌

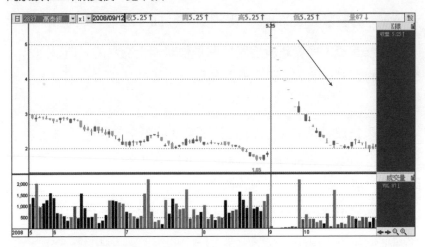

福陞(8066)減資後一路下跌

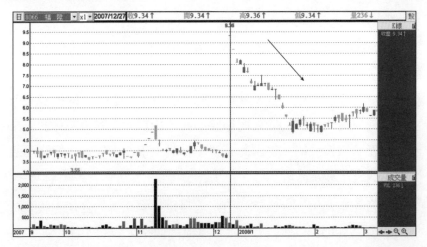

經筆者統計，有超過八成以上的股票在減資後是下跌的，因此筆者並不建議各位參加股票減資。

再來，我們應該要詳細的瞭解減資的日期。

減資通常有三個比較重要的日期，第一就是減資基準日，另一個是舊股票停止市場買賣期間，最後則是新股上市日期。

以南科為例：

減資基準日：民國98年6月22日。

舊股票停止市場買賣期：民國98年8月13日起至民國98年8月25日止。

新股票上市開始買賣暨舊股票終止上市日期：民國98年8月26日

由以上資訊可以得知，南科將於8月13日起至8月25日這段期間暫停交易，並於8月26日恢復交易。

至於減資基準日所代表的意義主要是在財務報表上。減資基準日所在日期也就代表該季財務報表的淨值已經是減資後的，許多人都誤以為財報的減資與否要以新股上市日期為基準，其實這是很錯誤的觀念。以南科為例，因為減資基準日是在六月，因此其第二季財報的淨值也將顯示減資後的淨值。（雖然六月時它的實體股票尚未減資）。也因此我們可於十月底先行佈局，待十一月初解除全額交割之利多公佈後再行賣出。

參

關於增資的股票

　　在《股市提款機》一書中有提到，規避地雷股或長期投資選股的要件之一就是董監持股，董監持股越高，代表對自己的公司越有信心，也就越不會亂來。

　　另一個觀察的重點就是私募，何為私募呢？簡單講就是公司印股票賣給特定人士。

　　私募的目的大部分為以下兩點：

1. 為了引進策略聯盟之夥伴而私募。

2. 私募是公司除了借錢籌資的另一個管道，因為會私募的公司都是體質較不佳或虧損的公司，通常這些公司不易向銀行融資或融資成本較高，所以才印股票換現金。

　　因為法規有規定私募股票3年內禁止轉讓賣出，所以為了吸引特定人的參與，通常私募價都是市價的7~8折左右。

　　因此，私募股票可說是犧牲一般股東的部分權益，讓特定對象以較低廉之價格購進公司股權，但若公司派能夠善用資金，那麼對公司還是有利的。

　　因為參與私募股票的特定人，多半是公司派的董監事或關係人，透過私募，等於增加了公司派方面的股權，也代表公司派對公司的信心，因此對公司股價有一定的幫助。

　　不過事情也沒那麼簡單，如果公司派心存不軌，有可能藉此損害公司股東的權益，對公司股價也會有所影響。

　　說了這麼多，就讓我們來看看實例藉以驗證吧！

例：勁永(6145)

這是一則2008年6月20日的新聞：

┌ 勁永將辦理私募3萬張　由董事長呂采妮吃下全部額度

2008/11/20

勁永日前確定要辦理私募，預計辦理3萬張，**以每股2.98元**價格募資，相較19日勁永的收盤價3.3元，**私募是打約9折**，估可募得約八千九百萬的資金。勁永表示，**這次私募額度都由董事長呂采妮全額認購**，主要是DRAM和NAND Flash景氣狀況不好，但對公司仍有信心，且藉此強化公司的財務結構，因此初步評估為出面全數認購。

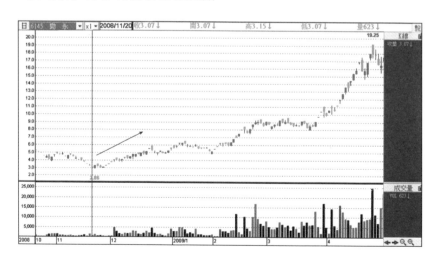

　　勁永是以2.98元為私募價，在2008年11月20日的時候，其股價其實還在3元左右，公司的營運狀況當然是管理階層最清楚，既然董事長將全額認購私募股票，私募價與市價也差不多，亦即3塊錢這個價位董事長本身都敢買了，且3年內還不能賣出，我們一般投資人為何不敢買呢？

　　春江水暖鴨先知，之後股價果然也一路上漲數倍之多。

　　以上是成功的案例，但如果私募價與市價相差太大，那麼對股價而言則可能是種傷害，這是怎麼說呢？

　　雖然法規規定私募的股票在3年內禁止轉讓出售，不過對於心懷不軌的大股東而言，這也不是什麼太大的問題，因為他們可以先賣出手中的持股，再低價認購同樣張數的股票，或是手中原本已有相當持股，等取得價廉的私募新股後，再賣出檯面下的老股，達成套利。如此一來，造成損害的當然是公司小股東們的權益。

　　由此可知，大股東若是把私募增資當成自己的套利工具，那麼對股價將是極大的傷害，讀者不可不防。

例：天揚(5345)

　　天揚於2005年4月1日決定私募現金增資，我們從申報轉讓表可以看出，眾董監事們倒還滿有志一同的，紛紛在3月11日~4月1日申報轉讓表，實在很巧，在這麼敏感的時間點一起申報轉讓，當然容易讓人有套利的聯想，所以這種情況通常對於之後的股價是比較不好的。

【公告】本公司董事會決議第一次私募現金增資發行事宜

1. 董事會決議日期：94/04/01

2. 私募資金來源：依證券交易法第四十三條之六規定之對象募集之。

3. 私募股數：19,500千股

4. 每股面額：新台幣10元。

5. 私募總金額：78,000仟元

6. 私募價格：每股新台幣4元。

   (1) 董事會決議擬訂第一次私募現金增資發行新股19,500千股，以94年04月01日為定價基準日，參考中華民國證券櫃檯買賣中心定價日當日之收盤價，作為本次私募普通股之參考價格，發行價格訂為每股新台幣4元，私募金額為78,000仟元。

   (2) 股款募集時間：94年04月04日~94年04月08日

   (3) 增資基準日：94年04月08日

天揚 (5345) 申報轉讓

日期	申報人	身份	申報張數
94/07/01	王維鴻	關係人	467
94/06/10	翁逸潔	董　事	185
94/04/01	王鏑程	董　事	3,350
94/03/29	王紀翔	監察人	500
94/03/29	陳清鑫	監察人	240
94/03/22	王彥尊	董　事	300
94/03/22	翁逸潔	董　事	220
94/03/11	王鏑程	董　事	1,000
93/12/29	王鏑程	董　事	246

天揚 (5345) 日K圖

　　此外，公司為了引進策略夥伴而私募股票，也並不一定都代表
利多，最重要的關鍵是私募價。通常八折是合理的價位，如果私募
價與市價價差太大，那麼其實對該公司而言也是個利空，這就有賤
賣公司資產的感覺了。

以華映(2475)為例：

┌ 【公告】華映董事會通過私募發行普通股

2009/07/16　16:40　中央社

日　　期：2009年07月16日

上市公司：華映(2475)

主　　旨：公告董事會通過私募發行普通股

說　　明：1. 董事會決議日期：98/07/16

2. 私募資金來源：仁寶集團及大同集團

3. 私募股數：不超過40億股

4. 每股面額：每股新台幣10元

5. 私募總金額：不超過新台幣100億元

6. 私募價格：新台幣2.5元

本次私募資金用途：充實營運資金供生產及營運所需、償還銀行借款及/或公司債以改善財務結構、並用於擴充廠房、購置機器設備、等一項或多項用途。

(1)本次定價係以98年7月16日為定價基準日，並以定價基準日前五個營業日（98年7月9日至98年7月15日）之本公司普通股收盤價算術平均數為參考價格。每股之發行價格訂為新台幣2.5元，業已委請獨立專家對本次私募普通股交易價格之合理性出具專家意見。

　　在7月16日收盤後，華映公布筆記型大廠仁寶將以2.5元的價格參與華映70%的私募，許多散戶得知這則消息後，隔天開盤就以這則消息為利多，搶進華映股票，也因此造成其開盤強勢大盤許多。

　　殊不知7月16日華映收盤價為5.43元，而私募價卻連市價的一半都不到，只有2.5元，這私募根本就是對該公司的羞辱，怎麼會是利多呢？也因此造成之後股價的一連串下跌。所以讀者們在解讀消息時應該多加思考，而不是人云亦云。

華映(2475)　98年7月17日走勢圖

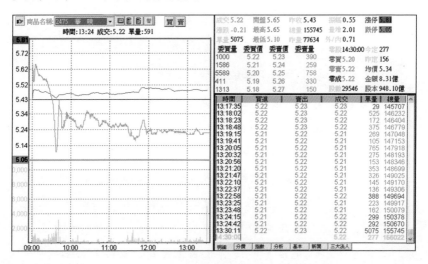

華映(2475)　98年7月17日K線圖

關於全額交割

　　全額交割股係客戶在向證券商委託買賣、填寫委託書之同時，即應繳足款、券；賣出時，必須先繳驗股票，不得作當日沖銷。

　　簡單來講，如果被打入全額交割的股票，買賣時將不能用網路下單而只能人工下單，買進時也必須先轉錢到券商指定的特別戶頭，當券商確認收到款項後，才能夠幫你下單買進，且全額交割股也不能使用融資券。至於賣出時則和一般股票差不多，差別只在於必須透過人工下單。

　　此外，當你轉好錢打算掛單買進卻沒成交時，券商將於當天收盤後強制再把錢退回你的戶頭，如果你明天打算繼續購買，那就必須再轉一次錢了。因此，要買進全額交割股是非常麻煩的，所以當股票被打入全額交割時，是一項非常大的利空，通常股價將下跌數根跌停不等。

例如：

2008年11月3日英群(2341)被打入全額交割股

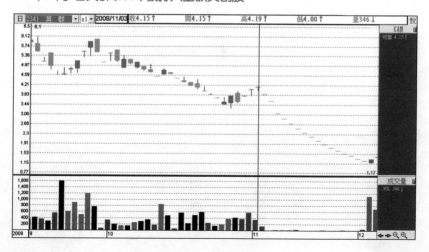

　　至於怎樣才會被打入全額交割呢？通常會被打入全額交割的股票都是雞蛋水餃股，所以常常被誤認為股價太低就會成為全額交割股，其實不然，會被打入全額交割股的原因大致有以下幾點：

　　上市公司有下列情事之一者，交易所對其上市之有價證券可以列為變更交易方法有價證券：

1. **根據財務報告，顯示淨值已低於實收資本額二分之一者（淨值低於5元）。**

2. 未於營業年度終結後六個月內召開股東常會完畢者。

3. 未依規定公告並申報年度或半年度財務報告。

4. 違反上市公司重大訊息相關章則規定，經通知補行辦理公開程序，未依限期辦理且個案情節重大者。

5. 董事或監察人累積超過三分之二（含）以上受停止行使董事或監察人職權之假處分裁定。

6. 依公司法第二百八十二條規定向法院聲請重整者。

7. **無法如期償還到期或債權人要求贖回之普通公司債或可轉換公司債。**

8. 發生存款不足之金融機構退票情事且經本公司知悉者。

9. 於重大訊息說明記者會之說明未能釐清疑點，本公司基於保障投資人權益認有必要者。

　　裡面最重要的是第一點與第七點。

　　依照法規，通常上市櫃公司公布財報、經主管機關形式審閱後，隔一兩天就會對於淨值低於5元的公司祭出全額交割處分。這些處分在發生前，你在報章雜誌或媒體新聞是看不到的，往往都是等主管機關祭出處分後才看得到，不過這時也已經天天跌停，就算想賣也賣不出去了。

　　所以聰明的投資人會在事情發生前就先作好功課，避開有全額交割股的公司，更甚者還反手放空，賺它一筆！

　　知道全額交割對股價的重大影響後，我們另外要暸解的就是財報公布後，在什麼情況下才會變更全額交割或是恢復普通交易。

　　因全球金融風暴的影響，2009年年初企業界普遍反映公司淨值下滑，故政府在2009年3月大幅鬆綁了取消信用交易與變更交易之條件。

　　以現在最新修改的規則來說：

　　變更為全額交割股是以最近一季的季報審查為主，如果淨值低於5元，則變更為全額交割股。

　　舉例來講，於4月底一起公布的去年年報和今年之第一季財報，如果去年年報淨值低於5元，但今年第一季淨值高於5元，那麼將不會變更為全額交割股；如果去年年報淨值高於5元，而今年第一季淨值卻低於5元，那麼將變更為全額交割股。

操作實例：

以南科為例，2009年4月30日是公布2008年年報和2009年第一季季報的最後一天，當天收盤後，從股市觀測站可以得知南科到2009第一季每股淨值約只剩下3.79元，所以被打入全額交割股已經是必然的事實了，至於將在何時公告呢？

一般的流程是，證交所在4月30日收齊所有公司的財報後，在5月的第一個工作天做形式審閱，並在該天審閱後於盤後公布變更交易股票。

故筆者在4月30日知道南科即將在5月的第一個工作日亦即5月4日收盤後公告變更交易，所以當天就可以預先放空該股。

5月4日指數開盤大漲近300點，而南科卻開盤就出現跌停的情況，這也表示有不少人跟筆者一樣，想靠著南科被打入全額交割之際大吃南科的豆腐。

因為當天指數大漲，幾乎檔檔漲停板，眾多散戶在買不到其它股票的情況下，轉而買進南科，南科也就從跌停一路上衝，在散戶大軍的簇擁下，南科收盤還小漲了0.08元！雖然當天筆者被軋空了一段，不過我知道，收盤後勝利也將站在我這一邊，所以筆者在當天很放心的留了750張南科的空單。當天晚上證交所就公告了南科的消息。

證交所形式審閱首季財報　南科打入全額交割

【中央社記者田裕斌台北2009年5月4日電】台灣證券交易所今天公布上市公司首季財報形式審閱結果，包括怡華(1456)、威盛(2388)、南科(2408)打入全額交割股，自5月6日起生效。

　　接連幾天南科連續跌停了幾根，而5月4日當日南科融券暴增五千多張，因此開始有人指南科有內線交易之嫌，請求主管機關調查……等。

　　當日筆者的空單就佔了750張，如果再加上親友團的空單，就將近2000張了，所以這並不是所謂的內線，有些東西只要你肯花心思去研究推論，賺錢其實很簡單的。

南科(2408) 5月4日當日走勢圖

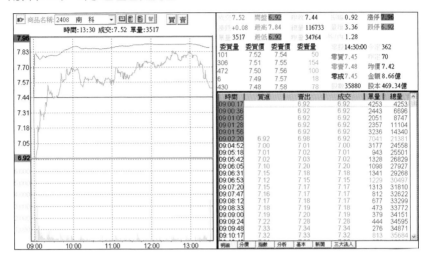

南科(2408) 5月5日當日走勢圖

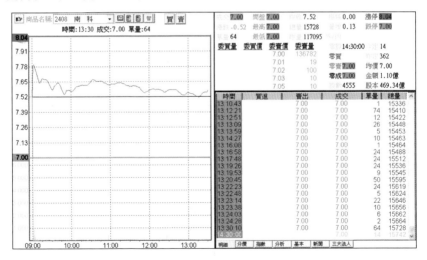

南科(2408) 5月6日當日走勢圖

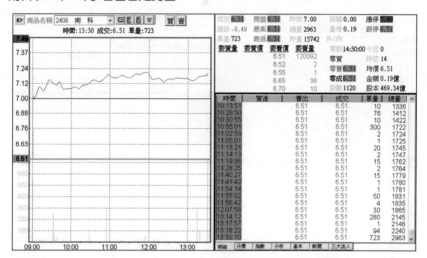

南科(2408) 5月7日當日走勢圖

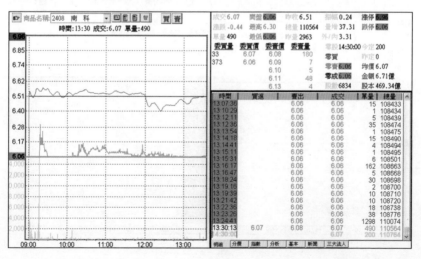

　　筆者在5月7日6.06跌停板回補南科750張，回補的原因為何呢？因為跌停打開了！跌停打開就表示想賣的都能賣出去了，如同之前所講的，這個全額交割的利空到此時已經完全消化完畢，之後會漲或會跌不一定，我也不需要去猜測它未來的走勢，我能做的就是賺我有把握的這一段，所以當跌停即將打開時，我也回補了所有空單。總計這筆空單獲利約70幾萬元。

南科(2408) K線圖

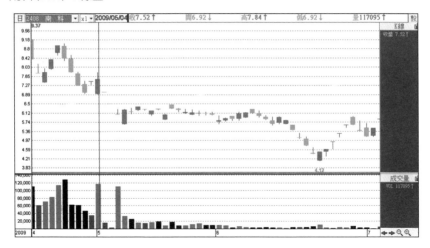

南科(2408) 5月7日交割單-1

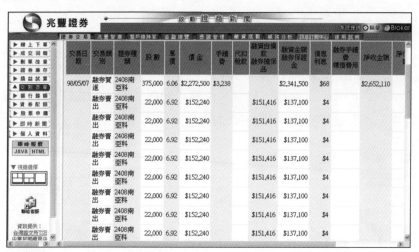

南科(2408) 5月7日交割單-2

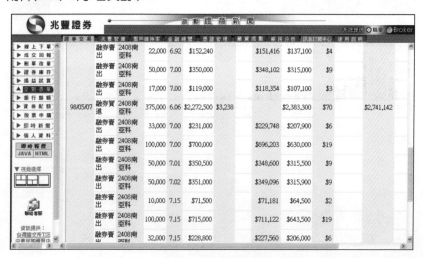

　　至於全額交割股恢復普通交易方面，則分為上市與上櫃：

　　上市股票必須要連續兩季的季報淨值皆高於5元以上，且淨值連續兩季要超過3億元以上；上櫃股票則只需最近一季的季報淨值高於5元以上，且淨值須較前一季增加。

例如：

　　上市股票2009年4月底公布之季報淨值低於5元以下者，於5月初公告處分變更為全額交易之股票。

　　要恢復普通交易須經過第一期8月底公布之半年報，以及第二期10月底公布之季報，兩季之淨值皆高於5元以上，則在2009年11月初就可取消全額交割交易之處分了。

　　但若是因半年報（2009年8月底公布）淨值低於5元，在9月初遭列入全額交割，　那麼則要經過第三季季報以及隔年年報核閱後，淨值都高於5元以上，才會在2010年5月初公告取消全額交割交易。

以南科為例：

　　南科於2009年5月初被打入全額交割股，其減資基準日為2009年6月22日，故其第二季財報淨值將大幅上升，若第三季沒有大幅度的虧損使淨值低於5元，那麼南科將於10月底公布第三季季報後，於11月初脫離全額交割的行列。

　　脫離全額交割股之股票有何好處呢？因為打入全額交割必定會跌停幾根，同理反推，恢復交易則將漲停數根，是一個大利多。

操作實例

以萬泰銀(2837)為例，在2009年第一季的時候，透過網路查詢該公司的基本資料，我們可以知道萬泰銀：

1. 資本額為223.47億

2. 最近四季每股盈餘
   2007年第四季-0.33元
   2008年第一季-0.45元
   2008年第二季-1.42元
   2008年第三季-1.42元

3. 每股最近的淨值為8.26元(2008年第3季)
   其每股淨值之所以提升到8.26元是因為在2008年8月底有減資過，所以提升了淨值。

從基本資料看來，我們可以知道這是一家每季都虧損的公司，也因為虧損累累，所以股價才剩一塊多，而且不用算也知道其在2009年4月底所公布的2008年第四季和2009年第一季的財報也一定是虧損的，這點想都不用想。

但是只要它這兩季每股總虧損不大於3.26元，那麼它就出頭天了！因為這也代表它將從如同無間地獄的全額交割脫離，恢復為普通交易。

從過去的四季每股虧損來看，2009年4月底所公布的財報，有很大的機會淨值是會高於5元的；再以最差的情況來思考，如果淨值低於5元，那也只是代表它繼續維持全額交割，理論上對股價應

該不會有什麼影響。

　　所以在4月底前買進持有它是個很划算的投資。

　　到了2009年3月21日，媒體出現了以下這則萬泰銀的利空消息：

萬泰銀大動作裁撤12分行

【工商時報　薛翔之／台北報導　(2009/03/21 09:00 時報資訊)】
台灣金融界昨日發生首宗大量裁撤分行案，萬泰銀行將撤掉全台12個據點！………銀行過去雖有過裁撤分行的前例，但多為1、2家極少數分行，從未有過一次將12家分行關門的情形出現，且大台北都會區分行也不例外，市場人士研判，萬泰銀行這項相當罕見的做法，顯然是不堪長期虧損，而私募基金大股東的背景，也習於速戰速決。

萬泰銀近日陸續出現不尋常的情況，總經理周榮生請辭，也決定不再承作房地產業務，據統計，**萬泰銀去年度稅前虧損128.42億元，為37家本國銀行虧損最嚴重者**，金管會已限期在今年6月底前，完成增資。

據悉，萬泰銀是依照銀行法第57條，申請削減分行，未來僅存49個分行。日後是否可以復設？官員強調，銀行經營不該反反覆覆，須經過詳細評估，不能因為現在不賺錢，說要裁撤，過幾天看分行值錢，又想要重新申請設立。

看到這則新聞，一般人可能覺得這是一則不好的利空消息，不過在筆者的眼裡卻是個好消息。新聞中提到，2008年萬泰銀整年度稅前虧損128.42億元，我們可以從公開股市觀測站查出其2008年前三季稅前虧損為多少，進而推算出第四季的稅前虧損。從財報中我們可以看到2008年前三季**稅前虧損為103億**，故其第四季稅前虧損為25億。若**稅前虧損是25億**，一般來講稅後的虧損將會比25億還要少。

如果以最大金額稅後虧損25億來計算，那麼第四季每股盈餘為-1.11元，也就是說第一季還有虧損2.15元的空間，所以淨值高於5元的機率又大幅的提升了。

到了2009年4月21日，又出現了這則新聞：

【公告】萬泰銀有價證券於集中交易市場有異常交易

2009/04/21 17:25 中央社

日　　期：2009年04月21日

上市公司：萬泰銀(2837)

主　　旨：係因有價證券於集中交易市場有異常情形，故公布基本資料及相關財務業務等重大訊息，以利投資人區別瞭解。

說　　明：1. 事實發生日：98/04/21

2. 公司名稱：萬泰銀行

3. **最近四季累計(97年2Q、3Q、4Q及98年1Q)**

淨收益(百萬，註)　(483)

稅前純損(百萬)　(12,492)

稅後純損(百萬)　(8,996)

每股稅後盈餘(元)　(4.03)

從新聞中我們可以看出，萬泰銀2008年2Q、3Q、4Q及2009年1Q總共稅後虧損-4.03元，而2008年2Q、3Q共虧損2.84元，所以我們可以很確定的知道，2008年4Q及2009年1Q稅後虧損總共為-1.19元。這也表示萬泰銀100%淨值能高於5元，也就是即將恢復普通交易了。知道這個即將發生的利多，我們就能提早布局，等待主力的拉抬。

主力並不是傻瓜，他要炒作該檔股票前，也一定對其情況有非常深入的了解，**主力拉抬股票最怕的就是沒有散戶接手**，他既然知道五月初將有大利多出現，到時即使股價炒高了也有人接，所以也就有恃無恐的從1.3拉抬至四月底的2.7元。

到了5月4日收盤後，果然如預期的出現這則消息：

證交所審閱97年Q4暨98年Q1財報之相關處理情形

臺灣證券交易所形式審閱上市公司97年第4季暨98年第1季財務報告之相關處理如后：

恢復交易方法：萬泰商業銀行股份有限公司(公司代號：2837)最近二期依證券交易法第36條規定公告申報之個別財務報告之淨值均逾三億元並達所列示股本二分之一以上，其上市有價證券原列為變更交易方法原因業已消滅，證交所已公告自98年5月6日起恢復上開有價證券之交易方法。

因為這則利多消息，萬泰銀從5月5日開始就天天開盤漲停鎖死一價到底了。

至於這檔股票何時該賣呢？當然如同之前所講的，當要買的人都買得到時，就是利多消息反映完畢的時候，也就是當漲停快打開時。

筆者於5月11日漲停板3.89出脫總持股300多張，如果再加上親友團，當天總計出脫了近2000張。

當天出完股票後雖然收盤還是漲停鎖住，但我一點也不扼腕，因為我知道我只賺我有把握的就夠了。

萬泰銀(2837) 日K圖

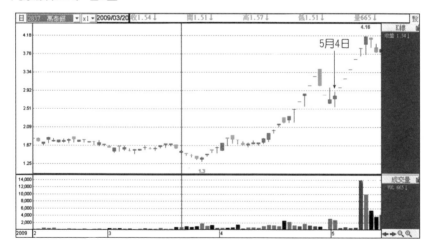

萬泰銀(2837) 4月30日公布財報後，5月4日是最後的上車點

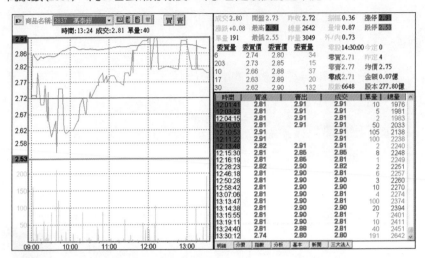

萬泰銀(2837) 5月5日開盤一價漲停鎖死

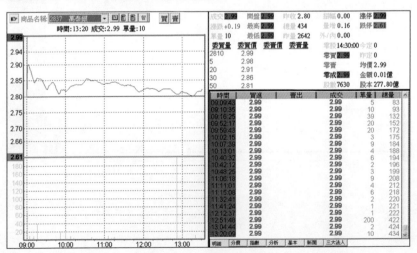

萬泰銀（2837）5月6日開盤一價漲停鎖死

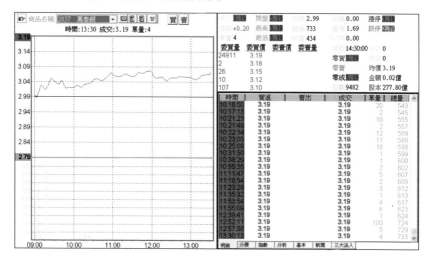

萬泰銀（2837）5月7日開盤一價漲停鎖死

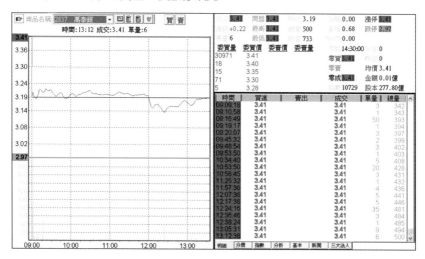

萬泰銀（2837）5月8日開盤一價漲停鎖死

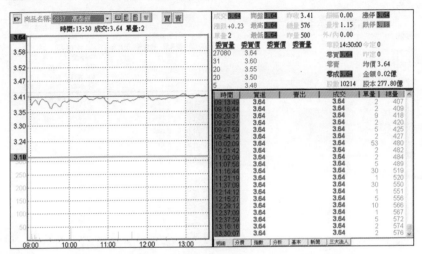

萬泰銀（2837）5月11日漲停即將打開時出清全部持股

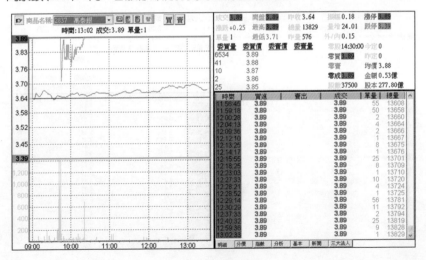

筆者從3月初開始一路慢慢買進萬泰銀，總共買進378張，平均成本約1.5元。

礙於篇幅限制，故只列出幾日之萬泰銀買進交割單。

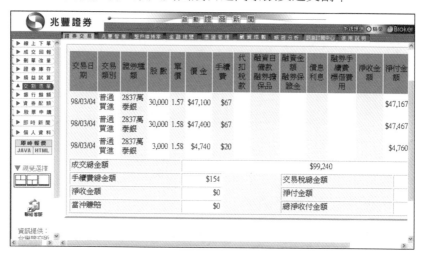

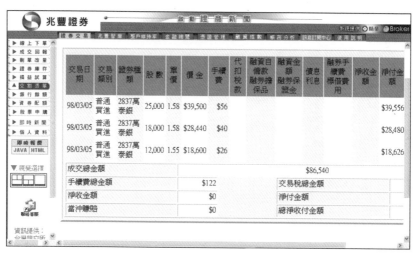

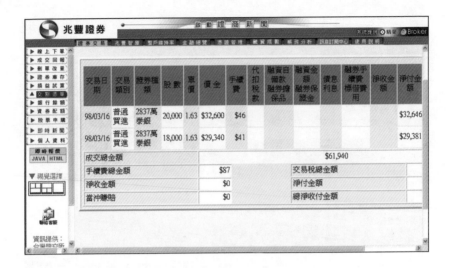

交易日期	交易類別	證券種類	股數	單價	價金	手續費	代扣稅款	融資自備款融券擔保品	融資金額融券保證金	債息利息	融券手續費標借費用	淨收金額	淨付金額
98/03/16	普通買進	2837萬泰銀	20,000	1.63	$32,600	$46							$32,646
98/03/16	普通買進	2837萬泰銀	18,000	1.63	$29,340	$41							$29,381

成交總金額		$61,940	
手續費總金額	$87	交易稅總金額	
淨收金額	$0	淨付金額	
當沖賺賠	$0	總淨收付金額	

萬泰銀（2837）5/11日賣出交割單

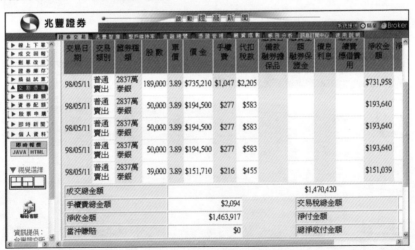

交易日期	交易類別	證券種類	股數	單價	價金	手續費	代扣稅款	備款融券擔保品	額融券保證金	債息利息	續費標借費用	淨收金額	淨
98/05/11	普通賣出	2837萬泰銀	189,000	3.89	$735,210	$1,047	$2,205					$731,958	
98/05/11	普通賣出	2837萬泰銀	50,000	3.89	$194,500	$277	$583					$193,640	
98/05/11	普通賣出	2837萬泰銀	50,000	3.89	$194,500	$277	$583					$193,640	
98/05/11	普通賣出	2837萬泰銀	50,000	3.89	$194,500	$277	$583					$193,640	
98/05/11	普通賣出	2837萬泰銀	39,000	3.89	$151,710	$216	$455					$151,039	

成交總金額		$1,470,420	
手續費總金額	$2,094	交易稅總金額	
淨收金額	$1,463,917	淨付金額	
當沖賺賠	$0	總淨收付金額	

　　這筆交易投入金額50幾萬，在兩個月的時間內總共獲利約90幾萬。

　　所以只要了解遊戲規則，賺錢其實是很輕鬆的！

信用交易的取消與恢復

📄 信用交易的取消

根據前文我們可以知道，淨值低於5元的股票將會被打入全額交割股，不過如果是淨值低於10元的股票，那麼將會被取消信用交易。

雖然取消信用交易並沒有如同被打入全額交割股的嚴重，不過對於公告後隔天開盤的股價卻是有影響的，如果我們能預先在公告前一天臨收盤時放空該檔股票，在公告隔天開盤後回補，將可以賺到一小部分的差價。

依照最新修改的法規，信用交易的取消共有兩個時間點：

1. **以去年年報與今年第一季的季報為主，這兩者的淨值皆低於10元以下將會被取消信用交易——將在5月的最後一個營業日公告。**

2. **以今年的半年報為主，假如淨值低於10元以下將被取消信用交易——將在9月的最後一個營業日公告。**

以2009年為例：

【公告】審核上市公司97年度及98年第1季財務報告，每股淨值均未達票面以上，應暫停融資融券交易者

發布時間：民國98年05月27日　17：08

臺灣證券交易所公告審核上市公司97年度及98年第1季財務報告，每股淨值均未達票面以上，應暫停融資融券交易者計：力麗（1444）、力鵬（1447）、新光金（2888）……等26種有價證，以上調整作業自6月2日起實施。

在這則新聞發布後，利空將影響到隔日（6月1日）這些股票開盤的表現。

6月1日大盤開盤大漲150點，但力麗（1444）開盤卻相對弱勢

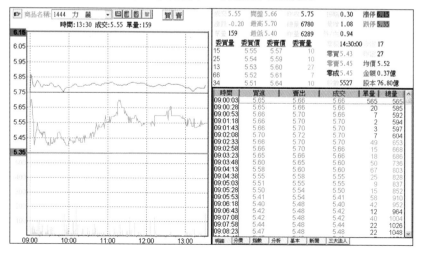

6月1日大盤開盤大漲150點，但力鵬（1447）開盤卻相對弱勢

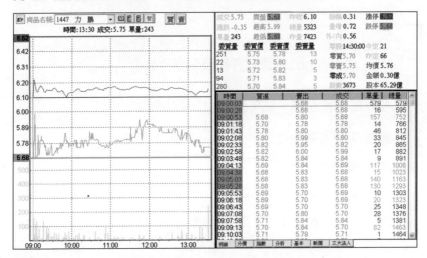

6月1日大盤開盤大漲150點，但新光金（2888）開盤卻相對弱勢

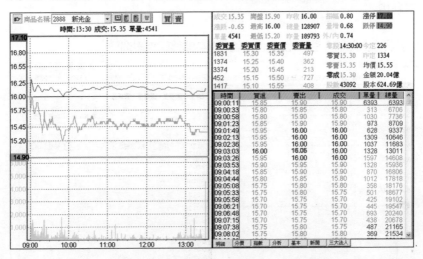

　　操作這類股票必須注意的就是，利空只會影響消息公布後的開盤股價表現，所以雖然是6月2日才開始正式實施，但6月1日已經先反映了，除非6月1日是跌停鎖死的情況，不然6月2日該股的走勢將和這則利空沒有關係。

信用交易的恢復

上市公司

　　遭停止信用交易的股票，不論是最近公布的年報、半年報或是季報，只要淨值回升至10元以上，將恢復信用交易。

　　故恢復信用交易的時間點共有三個：

1. **以去年年報與今年第一季的季報為主，這兩者的淨值任一回升至10元以上──將在5月的第5個營業日公告。**

2. **以今年的半年報為主，其淨值回升至10元以上──將在9月的第5個營業日公告。**

3. **以今年的第三季季報為主，淨值回升至10元以上──將在11月第5個營業日公告。**

⇨ 上櫃公司

上櫃與上市恢復信用交易的條件是差不多的，**只有一點不同，就是上櫃公司必須股東權益總額比上一季財報增加才行。**

以上櫃股票長鴻（5506）來講，我們從兆豐的網頁上可以查到它最新一季的資產負債表，從資產負債表中可看出股東權益總額為1017（百萬），另外從損益季表中可以看出加權平均股本為619（百萬）。

每股淨值＝股東權益總額÷加權平均股本，故每股淨值＝16.42元。

雖然其每股淨值已經高於10元，不過從資產負債表可看出前一季的股東權益總額為1158（百萬），而最新一季則為1017（百萬），因此並不符合上櫃恢復信用交易的規定。

資產負債表

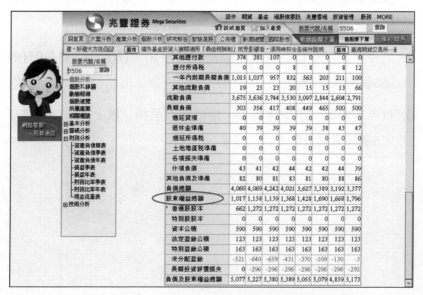

損益表

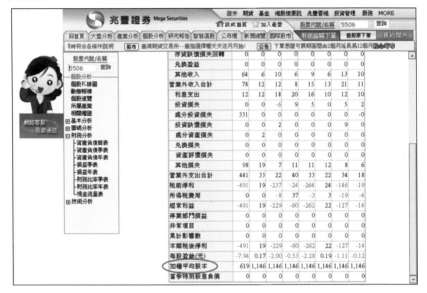

以上市公司成功恢復信用交易後之漲跌情況為例：

【公告】本公司審核上市公司97年度及98年第1季財務報告每
股淨值資料是否符合恢復融資融券交易規定之調整名單

發布時間：民國98年05月08日 17:45

臺灣證券交易所公告本公司審核上市公司97年度及98年第1
季財務報告每股淨值資料是否符合恢復融資融券交易規定之
調整名單如下：

每股淨值回復至票面以上應恢復融資融券交易者計：味全
(1201)、大將(1453)、南僑(1702)、安泰銀(2849)、和鑫
(3049)、夆典(3052)等6種有價證券。

以上調整作業自5月12日起實施。

5月11日南僑(1702)開盤即漲停鎖死一價到底

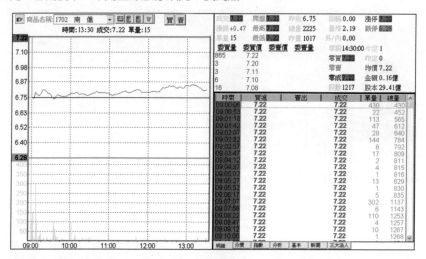

5月11日和鑫(3049)開盤即強勢大盤開高許多

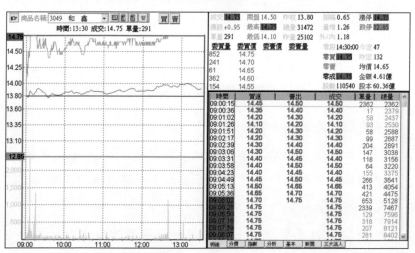

5月11日夆典(3052)開盤即強勢大盤開高許多

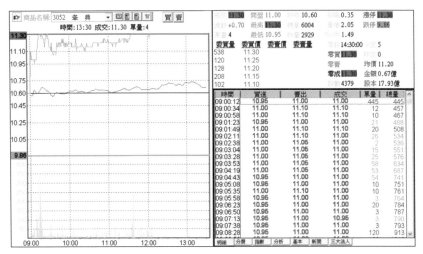

　　操作這類股票必須注意的就是，利多只會影響消息公布後的開盤股價表現，所以雖然是5月12日才開始正式實施，但5月11日已經先反映了，除非5月11日是漲停鎖死的情況，不然5月12日該股的走勢將和這則利多沒有關係。

陸
關於下市的股票

　　投資人買賣股票，最害怕發生的事莫過於自己的持股下市了，因為這也宣告手裡的股票變成壁紙。大部分的散戶並不清楚法規，總以為股票跌到剩幾塊錢，再跌下去就可能會不見，其實這是個錯誤的觀念。

　　依照證交法規定，上市公司要下市的原因主要有以下幾點：

1. 經法院裁定宣告破產已確定者。

2. 經法院裁定准予重整確定或依公司法第二百八十五條之一第三項第二款規定駁回重整之聲請確定者。

3. 公司營業範圍有重大變更，主管機關認為不宜繼續上市買賣者。

4. 有金融機構拒絕往來之紀錄。

　　（上市公司有跳票事情發生就會被打入全額交割股，若是在7日內補足金額，便可註銷跳票紀錄，如果一年內有3次跳票紀錄則將被金融機構拒絕往來。）

5. **最近期個別財務報告顯示其淨值為負數者。**

6. 公司營業全面停頓暫時無法恢復或無營業收入者。

7. 依司法機關裁判確定之事實，證明該上市公司具有下列情形之一：

　　(1) 該公司於申請股票上市時，所提供之財務報告、帳冊等資料，有虛偽隱匿之情事，而將該等虛偽隱匿之金額加以設算或扣除後，其獲利能力不符合上市規定條件者。但該公司自上市日起，至司法機關裁判確定日止，已逾5年者，不在此限。

(2) 符合前目但書規定之上市公司，其虛偽隱匿所涉相關會計科目，係遞延至裁判確定時仍存在，經設算或扣除後，其裁判確定所屬當年度之獲利能力，不能符合上市規定條件者。

8. 金融機構經目的事業主管機關依法指派接管者。

從以上幾點我們可以看出，下市與否是和股價高低沒有關係的。

實例介紹：

首例！讓售資產過半，華宇須下市

2009/05/20 08:24 時報資訊

【時報－台北電】證交所昨(19)日召開董事會，除例行報告之外，主要討論案包括上市櫃公司未來對於概括讓與全部、或部分資產而影響營業收入及營業利益逾5成時，該上市公司必須下市。證交所指出，經董事會討論，上市公司華宇光能(2381)就是因符合該要件，董事會已通過經證期局核准後，該公司將正式下市。

華宇原為筆記型電腦代工二線廠，因為出售了整個筆電代工事業，將出售的資金轉進太陽能電池，導致營收大幅衰退，違反了法規，所以必須要下市。

　　一般人聽到「下市」兩個字，嚇都嚇死了，唯一的反應就是賣出，因為下市在一般人的眼裡就等同於壁紙。但其實股票下市後，通常還可以申請成為管理股票，何為管理股票呢？

　　所謂管理股票，簡單講是屬於櫃買中心，算是上櫃的，其交易的方式為全額交割股，並且為分盤交易，每45分鐘交易一次。因此當下市的股票申請成為管理股票後，就能夠繼續交易而不是變成壁紙。

轉型太陽能轉太大　華宇光能7/12下市　跌停綠燈亮不停

2009/06/02 21:10 鉅亨網

【鉅亨網記者葉小慧　台北】　出脫筆記型電腦業務後積極轉型太陽能晶片設計公司的華宇光能2381(TW)，在證交所審核其2008年財報後，認定有證交所營業細則第50條之1第1項第5款認定標準「最近一會計年度內，將上一會計年度占營業收入達50%以上的經營業務變更，且該會計年度營業收入或營業利益較上一會計年度減少達50%以上」，經證期局核准，今(2)日公告華宇光能7月12日起終止上市。

為讓股東股票有流通機會，華宇請承銷商準備申請櫃買中心的管理股票，預計在6月底、7月初掛牌。

　　華宇因為將在7月12日下市，所以股價天天跌停是可以理解的。不過當我們看到它能成為管理股票，就知道其實它的情況並沒有想像中糟糕。

　　怎麼說呢？因為下市和打入全額交割是不一樣的，如果一檔股票要下市了，那麼它可能會跌停20根；但如果一檔股票被打入全額交割，那麼它可能只是跌停8根。當下市的股票跌停了20根後，才發現原來它並沒有要下市，只是被打入全額交割股，那麼照推算，應該將補漲12根漲停回來才是，所以可以用這個方法套用在華宇身上。

　　關於申請櫃檯買賣管理股票者，規則如下說明：

　　申請為櫃檯買賣管理股票者，應有兩家以上證券商書面推薦。
申請櫃檯買賣管理股票只要沒有違反下列原因，一般都能申請核准：

1. 股票為禁止轉讓之裁定者。

2. 檢送之書表或資料發現涉有不實之記載，經主管機關要求解釋而逾期不為合理解釋者。

3. 未依法令規定辦理財務報告或財務預測之公告申報。

4. 其依證券交易法第三十六條規定公告並申報之財務報告，未依有關法令及一般公認會計原則編製且情節重大，經通知更正或重編而逾期仍未更正或重編者；或其公告並申報之年度或半年度財務報告，經其簽證會計師出具無法表示意見或否定意見之查核報告或出具否定式或拒絕式之核閱報告者。

5. 最近期財務報告顯示淨值為-20元以上。

6. 經法院裁定宣告破產確定者。

7. 金融機構經目的事業主管機關依法指派接管者。

　　成為管理股票的交易期限為兩年，亦即如果申請核准了，就還有兩年的時間可以繼續交易。在這兩年裡，其實股價隨時都有可能因為主力介入而有很大的發揮空間。

　　華宇在6月6日爆巨量跌停打開，這一天筆者並不會介入，因為如同我在拙作《股市提款機》表達的觀念，長期跌停時，第一次打開都是騙人居多，因為會有很多投機客進來坐轎，所以通常主力會再殺一波，第二波下跌時才是真正主力進貨，這時投機客也比較不敢進來坐轎。筆者在它殺第二波時開始逢低買進，買進的理由為以下兩點：

1. 7/12日即將下市，這段期間下跌是很正常的，賣方是散戶，賣出是很合理的，但也相對有很多買方，買方應該不是散戶這麼簡單吧？！

2. 7/12日下市後將直接轉成管理股票，許多人以為即將下市而將股票拋售，等到7月12日發現原來還可以繼續交易，到時可能飆漲。

　　到了接近下市的日期，華宇果然如預期的開始上漲，7月9日收盤後有了這則新聞：

【公告】華宇公告行政院金融監督管理委員會核准股票轉為「櫃檯買賣管理股票」

2009/07/09 14:28 中央社

主　旨：公告行政院金融監督管理委員會核准本公司股票轉為
　　　　「櫃檯買賣管理股票」
　股票開始買賣日期：民國98年7月12日

　　7月10日星期五為下市前最後的交易日，因為這則新聞的關係，7月10日開盤後沒多久就漲停鎖死5000多張。

華宇(2381) 7月10日走勢圖

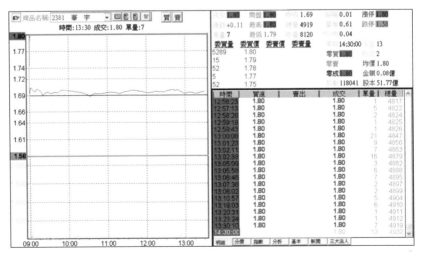

到目前為止，一切都按照計畫在走，理論上7月13日星期一轉變成管理股票後將天天漲停鎖死，買都買不到了。

不過還有另一個問題，之前的假設是針對**全額交割股將下市而變成管理股票**，在變成管理股票那天將天天飆漲是無庸置疑的，因為下市前是全額交割股，下市後還是全額交割股，且還可繼續交易。但現在問題來了，華宇在下市之前都是普通交易，並非全額交割，等到它變成管理股票後，則是由普通交易變成全額交割，這可算是個利空，畢竟不好買；但你也可說它是利多，因為由下市變成還能繼續交易。至於到底是利多或利空？這就完全取決於主力的態度了。

終於到了7月13日，如預期的開盤漲停鎖死，但卻鎖得不多，理論上如果這是個大利多，應該讓你買都買不到，然而鎖住的張數卻只有幾百張。如同之前所提的，當大家都買得到的時候，就表示利多已經反映完畢，之後股價的漲跌就跟這項利多無關了，所以筆者也在此時出清了華宇。因為當初買進的理由與利多在漲停打開後已經宣告消失，股價之後會怎麼走並無把握，如果再繼續持有，那就是賭了。

也幸虧我沒有賭，在7月13日出清所有持股，7月14日開始就連續幾天的跌停。

這算是一筆失敗的交易，並沒有如預期的下市後天天漲停鎖死，所以獲利並沒有預期的多，不過仍可以藉著這項交易，讓讀者學習到筆者平常在股市裡的思考邏輯。

華宇（2381）7月13日走勢圖

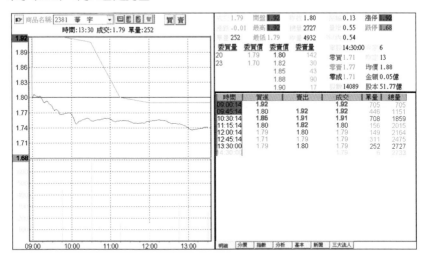

華宇（2381）7月14日走勢圖

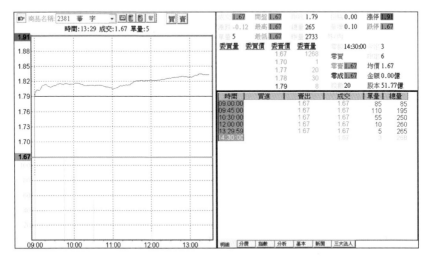

股市
提款卡

華宇(2381) 7月15日走勢圖

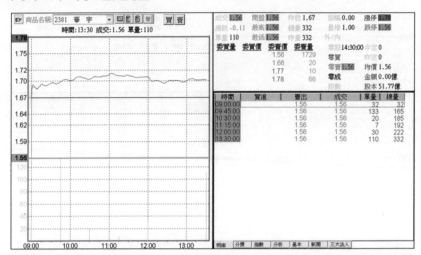

華宇(2381) 交割單

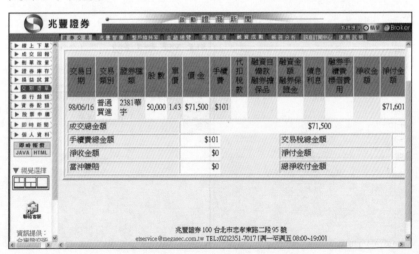

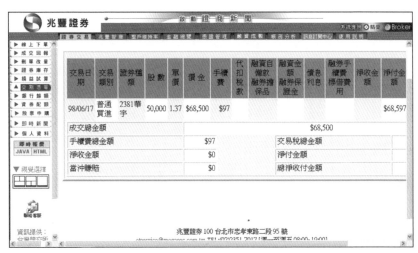

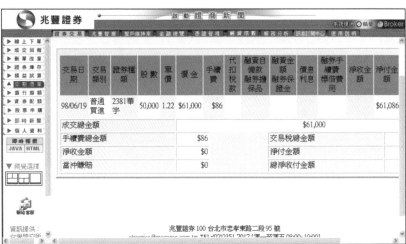

股市
提款卡

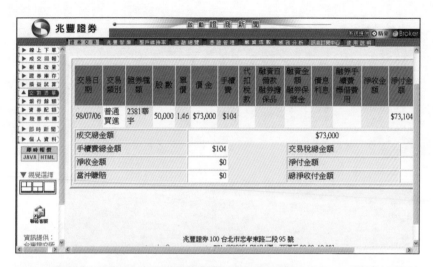

華宇（2381） 日K圖

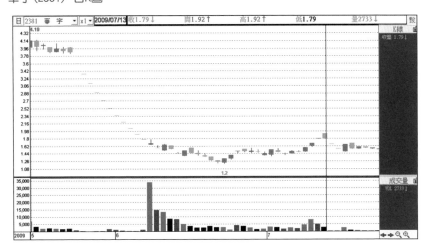

分盤交易

　　會被打入分盤交易的股票，通常都已經被注意警示了數次，而股票之所以會被注意警示主要是因為超漲或是超跌；只要有開盤，股票價格當然會有波動，但若是不合理的波動（如短期內漲太兇或跌太兇），主管機關都會對這些股票加以**注意警示**。證交所每天都會公布注意的股票有哪些，所以可在證交所網站或兆豐證券網站查詢。

兆豐證券網站

　　另外在一些股票軟體也有注意股票的統計，如兆豐旺德福軟
體：

```
07月份累計次休布：4、5、11、12、18、19、25、26

代號　名稱　　次數　注意交易日期
------------------------------------------------------------
1217　愛之味 1　　15
1419　新紡　10　　01、02、03、06、07、10、15、16、20、22
1432　大魯閣 4　　22、23、24、27
1560　中砂　 1　　30
1611　中電　 1　　30
1903　士紙　 4　　15、16、20、28
2059　川湖　 1　　21
2106　建大　 2　　20、21
2227　裕日車 1　　28
2405　浩鑫　 9　　01、02、03、06、14、15、17、20、21
2431　聯昌　 5　　01、02、06、07、08
2455　全新　14　　01、02、06、07、08、10、15、17、20、21、22、23、29、30
2496　卓越　 1　　13
2499　東貝　 2　　01、22
2511　太子　 8　　01、02、03、06、07、14、17、20
2514　龍邦　 1　　07
2528　皇普　 9　　07、08、09、20、24、27、28、29、30
2530　華建　 3　　07、08、09
2537　聯上發 2　　09、10
```

　　依證交法規定，有價證券之交易，**連續五個營業日**或**最近十個
營業日內，有六個營業日**或**最近三十個營業日內有十二個營業日**被
注意的股票，將發布為分盤交易。分盤交易將於次一營業日起五個
營業日內，採下列之措施：

1. 每五分鐘人工撮合一次。

2. 投資人每日委託買賣該有價證券數量單筆達一百張或多筆累積
   達三百張以上者，其當日已委託之買賣，向該投資人收取至少
   五成以上之買進價金或賣出證券，信用交易部分則收足融資自
   備款或融券保證金；至於當日達上開數量後之委託，亦應於委
   辦時向其收取至少五成以上之買進價金或賣出證券，信用交易
   部分則收足融資自備款或融券保證金。

　　如果最近三十個營業日內，又第二次被處置了分盤交易，則次一營業日起五個營業日內，同時採行下列之措施：

1. 每十分鐘人工撮合一次。

2. 前開期間對於投資人每日委託買賣該有價證券數量單筆達五十交易單位，或多筆累積達一百五十交易單位以上時，應就其當日已委託之買賣，向該投資人收取全部之買進價金或賣出證券，信用交易部分則收足融資自備款或融券保證金；至於當日達上開數量後之委託，亦應於委辦時向其收取全部之買進價金或賣出證券，信用交易部分則收足融資自備款或融券保證金。但信用交易了結及委託賣出違約專戶之有價證券時，不在此限。

　　以五分鐘人工撮合一次來講，一戶頭每筆買進只能委託99張，且當天該戶頭總委託數（買進＋賣出）也只能有299張，若超過則連帶之前成交的張數都要先收現金了，如同全額交割一般。

　　以十分鐘人工撮合一次來講，當一戶頭每筆買進只能委託49張，且當天該戶頭總委託數也只能有149張，若超過則連帶之前成交的張數都要先收現金了，如同全額交割一般。

　　理論上這是個利空，而基本上在大多頭行情時，股價短期間超漲的情況下，常常會有許多股票被分盤交易。依照法規來看，分盤交易是對股票的利空，理論上是要跌的，不過實際上卻不一定。因為一般超漲的股票，裡面一定是主力介入頗深，被分盤交易時，由於股價超漲且又有分盤交易的利空，通常散戶是不太敢進來買的，故此時的主力很難出得了貨，所以主力通常還是會咬著牙硬撐，繼續拉抬，也因此常常發生越是分盤交易越是漲的情況。

股價的最高點很少有利空的出現，否則主力怎麼出貨呢？不過我們還是可以靠著分盤交易在市場上賺些較無風險的利潤，當股票被打入分盤交易的第一天時：

1. 如果股價開盤後一路下跌，表示分盤交易這個利空對它開盤後有了影響。

2. 如果開盤後主力一路咬著牙拉抬上漲，表示分盤交易這個利空對它開盤後沒啥影響。

以上兩點都有可能發生，所以我們如果在股價被打入分盤交易的前一天尾盤放空它，其實風險是很大的（有可能出現2的情況），所以這時我們只需看戲的份就行了。

股價發生1的情況時，表示這個利空對它的開盤有了影響。我們知道分盤交易是要持續五天的，所以在第五天收盤最後一筆時就可大膽買進作多。隔天開盤後，突然整個市場發現分盤交易這個利空被取消了，那麼將會發生股價的小拉抬，或是該股開盤較大盤強勢許多以反映這個利多，這時咱們就能把昨日的持股逢高賣出，拍拍屁股走人。這就是較無風險的獲利，而這項操作方法還有一點需要特別注意，處置結束前的最後一天尾盤，最好是內盤價（買盤價）成交，或是殺尾盤的，因為分盤交易最後一天的最後一筆或兩筆之上拉或下殺，其實和隔天開盤後的走勢也有關係，尾盤上拉代表今日和我們一樣想法的人還蠻多的，也就是太多人準備坐轎了，而這些都是打算今日尾盤買進、明日開盤賣出的投機客，反而對明日的開盤不好，故此時不建議買進；如果最後幾筆是下殺的，代表明天開盤的利多並未在今天尾盤反映，所以今天尾盤買進則明天開盤時必有獲利。

因此，分盤交易最後一天尾盤掛單買進的價格並不需要高掛，
因為假如拉尾盤而你的單子成交了，隔日開盤反而是你要擔心了。

民國98年2月17日，華上被處置為分盤交易，開盤前幾筆並未
影響其股價，反而一路上漲。

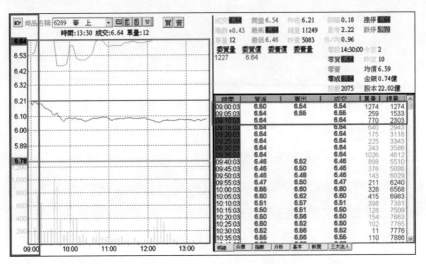

　　民國98年2月24日，華上結束分盤交易後的第一天，開盤前幾筆並無強勢大盤或急拉。

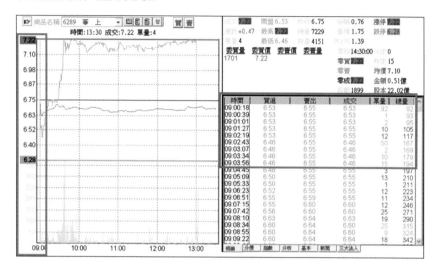

　　民國98年3月18日，勝華分盤交易第一天，開盤後一路下跌，代表這分盤交易對它是個利空。

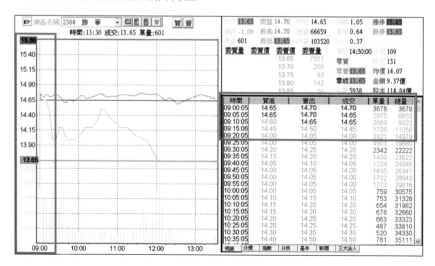

股市
提款卡

民國98年3月24日，勝華臨收盤時**尾盤最後一兩筆拉回**。

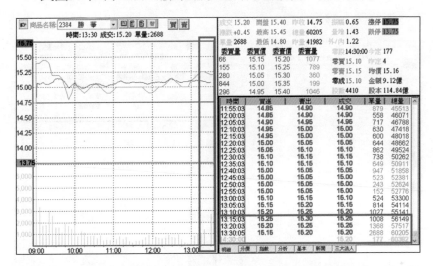

民國98年3月25日，勝華結束分盤交易後第一天，開盤後急拉一段。

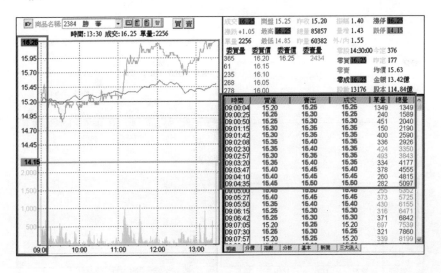

民國98年3月30日，天翰被打入10分鐘分盤交易一次的第一天。由於前一日為漲停鎖死，故今日開高為正常現象。開高後急殺至跌停，表示分盤交易此利空對它影響很大。

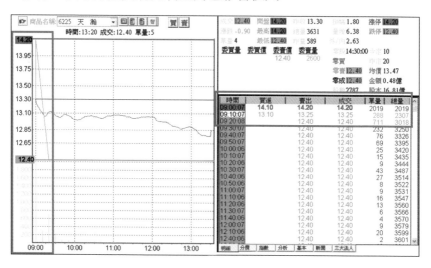

民國98年4月3日，天瀚分盤交易的最後一天，**尾盤拉回**。

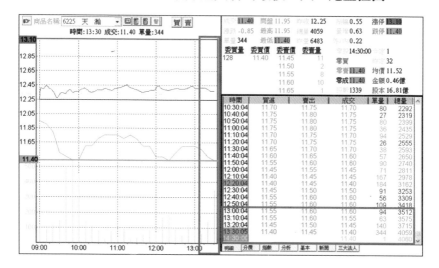

民國98年4月6日，天瀚結束分盤交易的第一天，開盤後即開始
急拉來反映這利多。

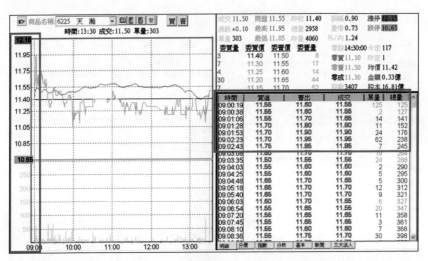

民國98年3月23日，合機分盤交易的最後一天，尾盤拉得蠻兇
的，代表坐轎的人太多。

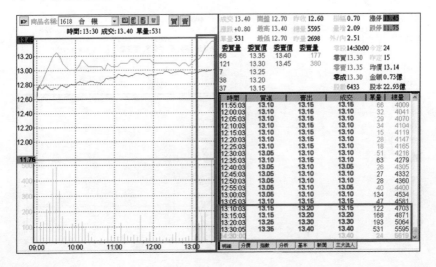

　　民國98年3月24日，合機結束分盤交易的第一天，開盤後急殺，因為前一天臨收盤坐轎者太多了。

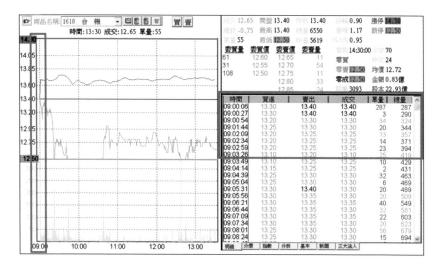

捌
隔日沖

　　隔日沖的方法有許多種，以下筆者以自己本身之實際操作舉例介紹搶漲停。

　　所謂的搶漲停就是開盤或盤中搶進越早強勢漲停的股票，只要漲停一鎖住，我們的買單就送出掛著排隊等；當買單成交後，就馬上掛好賣單，準備隨時殺出。也就是說，當漲停快開時就賣出吧！認命賠個手續費！

　　大部分的股票若非處於漲停鎖住的情況，通常都是隨著大盤的漲跌而上下波動，故當漲停打開時你沒停損，之後如果大盤一路走低，強勢股也可能開始轉弱為弱勢股，這種從漲停跌到平盤或跌停的情況都是有可能發生的，所以當漲停打開時，你仍繼續持有，就代表著你是在「賭」了，而賭的結果往往會造成你7%甚或14%的損失。

　　另外，這個搶漲停的前提當然是你下單的速度要快，速度越快越容易成交（這方面牽涉到個人電腦、網路速度、下單軟體……等問題）。大部分人股票一筆的輸贏少則數千、多則數萬，卻捨不得花幾千元的資金更新自己的電腦硬體設備或網路，以換取較穩定的下單環境，故常因小失大，「工欲善其事，必先利其器」，股票若要賺錢，良好的下單環境是很重要的。

　　通常越早漲停鎖死的股票，隔天都會強勢開高許多，如果有幸成交就等於現賺幾趴了。不過這個操作手法是有風險的，而通常為了規避風險，我會在漲停板成交且鎖死量縮時買個保險——買保險也就是空等值的期貨。

通常股票漲停鎖死後會打開的原因，不外乎大盤急殺，所以如果你空了等值期貨後，即使大盤急殺讓你的股票快打開而殺出持股，造成股票方面停損而損失了手續費，但期貨方面的獲利已足夠cover這些手續費了；若空了期貨後，股票漲停也沒打開，則收盤後也能規避當日晚上美股大跌或台股突然的利空。當然，你也可以等到尾盤再買保險，但這樣就只是單純避免當晚的美股大跌或突然的利空。

或許有人會問：如果空了期貨後，期貨反而上漲，那不就賠了？這點大可放心，因為**漲停鎖死後的股票通常會隨著之後大盤的續漲而造成隔天開盤第一筆更加強勢**，也就是說，當個股漲停鎖死後，如果之後大盤不漲不跌，該股隔天開盤可能會比大盤強勢1%至2%以上；如果個股漲停鎖死後，大盤繼續上漲了2%，因為該股已經漲停鎖死了無法再漲，故將漲幅移到明日開盤上，所以隔日開盤至少將比大盤更強勢4%至5%。

注意事項：

1. 選擇成交量較大之個股，免得遭主力坑殺。

2. 隔天開盤市價出，只賺開盤價，不跟它賭；同時回補期貨。

3. 搶進漲停板後，必須全程盯著盤面，漲停開時隨時要跑，這個是很花精神的。

⊞ 操作實例1：揚智(3041)

在漲停板買進50張57.9，隔天開盤市價出成交在漲停板附近，兩天獲利近20萬元。

揚智(3041) 2006/12/26即時線圖

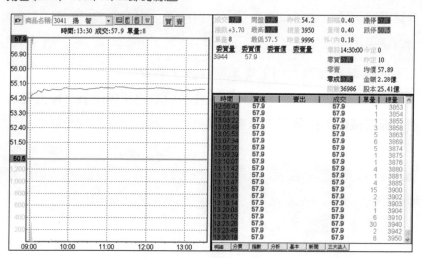

揚智（3041）2006/12/27即時線圖

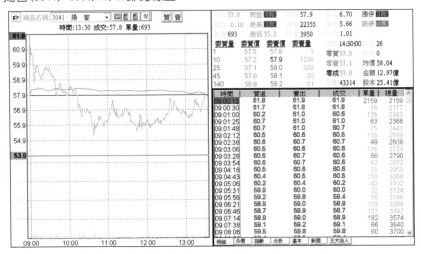

揚智（3041）2006/12/27　交割單

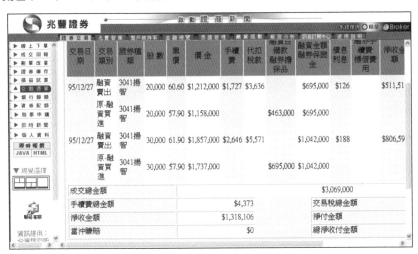

✠ **操作實例2：農林(2913)**

在漲停板買進400張8.99，隔天開盤漲停鎖死市價出200張，成交漲停9.61，隔天再出剩餘200張，成交10.15，三天共獲利30幾萬。

農林(2913) 2007/06/13即時線圖

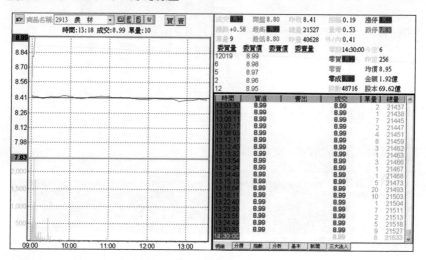

農林(2913) 2007/06/14即時線圖

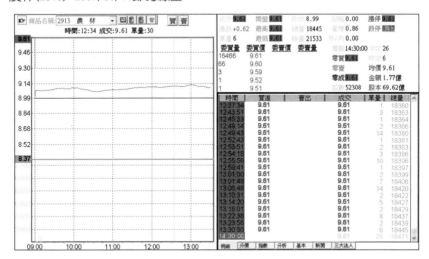

農林(2913) 2007/06/15即時線圖

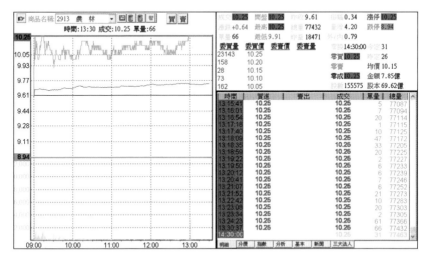

農林(2913) 2007/06/14交割單

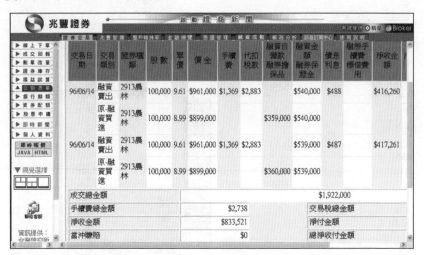

農林(2913) 2007/06/15交割單

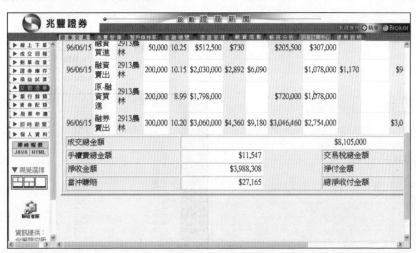

玖

當沖(上)

📄 當沖成本的計算

　　在當沖開始前，我們必須先知道所交易的成本，這樣在每筆交
易時或交易後，才可以很快的計算出該筆當沖的盈虧。知道交易成
本後，也能在當沖時做為停利停損的參考。

當沖成本為：

買進手續費千分之1.425

賣出手續費千分之1.425

交易稅為賣出金額之千分之3

如果手續費以6折計

即千分之1.425×0.6＝千分之0.855

借券費為賣出金額的千分之1

所以總成本為買進手續費千分之0.855＋賣出手續費千分之0.855＋

交易稅千分之3＋借券費千分之1

總實際交易成本為千分之5.71

X為股票價格

X×0.00571＝0.1元

X＝17.5

所以當沖約17元的價格，當沖成本為0.1元

8.5元的成本則為0.05元

一切以17元成本為一角下去推算，170元則成本一元、25.5元則為0.15元，當然每個人的成本都不同，所以只要先知道自己於股價多少錢成本為一角時，將很容易即時算出自己的交易成本為多少。

⇨ 當沖：

在拙作《股市提款機》中提到期貨是股海裡的明燈，期貨的特點就是價格發現的功能。期貨大約領先現貨約30秒左右，大盤要拉或殺之前，期貨通常都會先反應，這時我們就能知道未來幾分鐘加權指數將向上拉或是向下殺，也可藉此獲取利潤。

大部分股票當日的波動與大盤的波動很類似，大盤向下殺時股票就跟著向下殺，大盤向上拉抬時股票也跟著向上拉；指數與股票每一波的波動方向原則上是相似的，差別只在於有些股票較強勢有些則較弱勢。當然也有股票的波動方向與大盤是相反的，不過這只能算是少數，而這些股票通常都是小型股或成交量較少的股票。

看見期指明顯轉變方向時，很簡單的兩個步驟：期貨向上就作多股票，向下就是放空股票；但是有一點要小心，就是別躁進，不要因為期貨的小波動就立刻出手，因為期貨常常發生才剛往上突破後沒多久就又往下殺而破底的情況，所以我們應該要等行情確立之後再出手。什麼是行情確立後再出手呢？簡單說就是期貨在很短的時間內大幅波動，不論往上或往下，波動的幅度越大代表可信度越高。

　　期指常常發生小拉抬一段後又開始急殺──也就是假突破真破底──的情況，且大多發生在指數大跌前，如同投籃前的假動作，虛晃一招後才是主力們的真正目的；我們可以把自己當成獵人，平常耐心等待，待獵物出現後再氣定神閒的扣下板機，而非一有風吹草動就亂開槍，白白浪費子彈。所以為了提高準確度，應該在行情明顯確立後再出手，否則只會造成我們不必要的停損。因此，當沖一天出手並不需要太多次，真正的高手會降低出手的次數以增加獲勝的機率，也就是寶劍出鞘就一定要見血了。

　　知道了出手的時機後，再來很重要的一點就是如何選擇當沖的標的，茫茫股海中，近千檔股票該如何選擇確實是個難題。

　　如前述，小型股或成交量較小的股票容易出現波動方向與大盤不一致的情況，所以我們應該選擇較大型與成交量較大的股票，且這類股票和大盤的連動性也較高，較不會發生賺了指數卻賠了價差的窘境。而除了成交量較大的大型股外，再來最重要的一點就是波動必需大，如果波動太小，即使指數與各股的波動讓你猜對了，也不足以cover你的交易成本。

　　通常我會於前一日先設定好一半的自選股，主要以前一日波動大、成交值大的股票為主；另一半則是在開盤後慢慢尋找當日盤中波動大與成交值大的股票。以2009年4月10日為例：

9點51分，台指期突然急殺並且跌破當日各波段的低點5759，期貨跌破了前幾波的低點，代表未來幾分鐘大盤也將跌破前幾波的低點，所以這時該做的就是放空股票，等到它未來幾分鐘隨著大盤下殺後再回補。至於股票的標的要從哪些著手？當然就是成交量大並且波動也大的股票。成交量大代表跟大盤的漲跌能夠同步，波動大則代表隨著大盤下殺時幅度會較大，獲利空間也才夠大。

以4月10日為例，我們選定了華映，因為它一天的成交量都有幾萬張，且在9點50之前的波動極大，我們於9點51分放空華映，待它之後幾分鐘下跌時再慢慢回補，整筆交易在短短的四分鐘左右就成功的結束了。

4月10日期指走勢圖

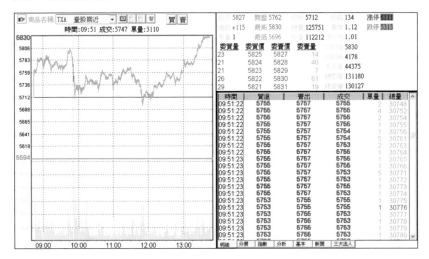

華映交割單

委託價　成交價

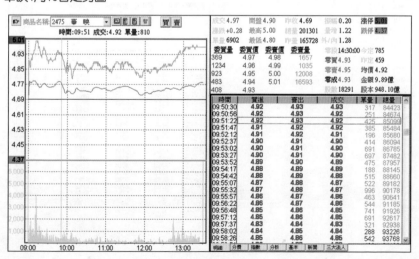

華映4月10日走勢圖

4月10日大盤走勢圖

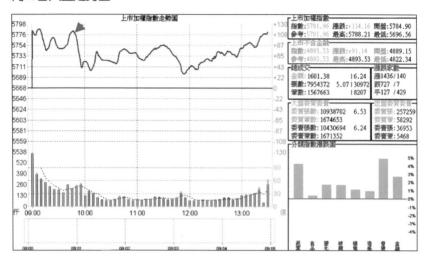

　　如果同樣的時間只選擇成交量大的股票，則可能因為波動太小而無法獲利。

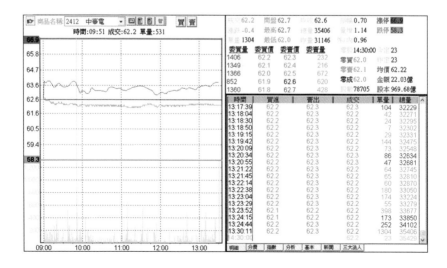

以2009年6月3日為例：

11點25分，期指突然急殺跌破了前幾波的低點，這也預告了未來幾分鐘後大盤將跌破了前幾波的低點，所以這時應該尋找成交量大與波動大的股票並放空它。

6月3日期指當日走勢

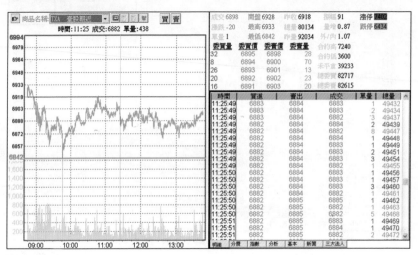

6月3日勝華當日走勢

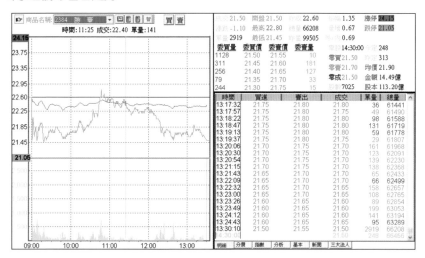

6月3日大盤當日走勢

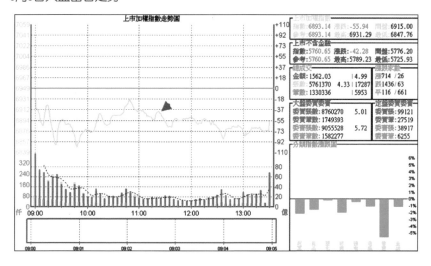

以2009年5月22日為例：

在10點35分，期貨已經上漲並突破當日高點了，所以這時應該買進成交量與波動大的股票，筆者選定了中環2323。10點36分01秒買進了220張8.17元，之後該股隨著大盤急拉而跟著上漲，筆者並在8.24與8.25左右陸續出清了持股，短短的三分鐘獲利了一萬餘元。

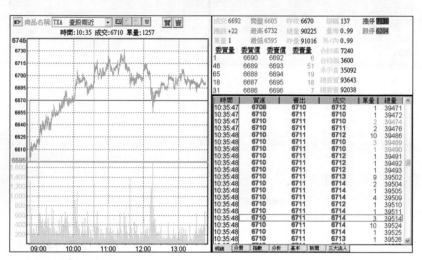

5月22日交割單

委託價　成交價

兆豐證券

			委託價		成交價							
中環 2323	資買	110,000	8.35	110,000	8.17	898,700	A1255	7	98/05/22	767208	10:36:01:18	A P 1 (證期)
中環 2323	資買	110,000	8.35	110,000	8.17	898,700	A1257	2	98/05/22	767210	10:36:01:18	A P 1 (證期)
中環 2323	券賣	60,000	8.23	60,000	8.24	494,400	A1263	6	98/05/22	775941	10:37:37:58	A P 1 (證期)
中環 2323	券賣	50,000	8.21	50,000	8.24	412,000	A1266	2	98/05/22	775923	10:37:37:58	A P 1 (證期)
中環 2323	券賣	40,000	8.21	40,000	8.25	330,000	A1272	5	98/05/22	779071	10:38:06:88	A P 1 (證期)
中環 2323	券賣	35,000	8.23	35,000	8.24	288,400	A1280	2	98/05/22	783818	10:38:56:62	A P 1 (證期)
中環 2323	券賣	35,000	8.22	35,000	8.24	288,400	A1282	7	98/05/22	786029	10:39:19:91	A P 1 (證

5月22中環當日走勢圖

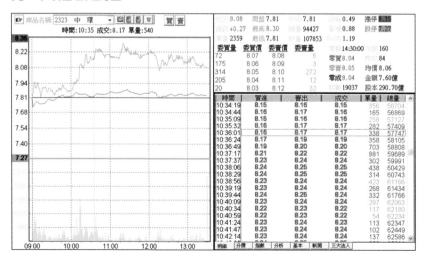

5月22日大盤當日走勢圖

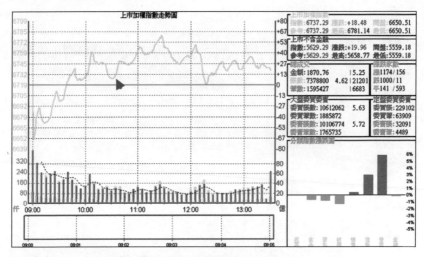

另外在2009年6月5日也有同樣的例子：

10點03分，期貨已上漲至6799的位置，故此時應買進成交量與波動大的股票，如中光電5371或劍湖山5701等，這些股票隨後都跟著大盤上漲一段，所以當時買進後皆有不錯的獲利。不過如果同一時間買進如彩晶6116，該股雖然成交量很大，但早盤並無明顯波動，所以買進後上漲幅度也就不大。

6月5日期指當日走勢圖

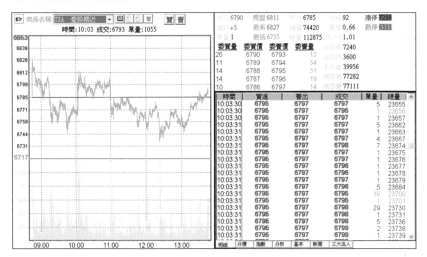

6月5日中光電當日走勢圖

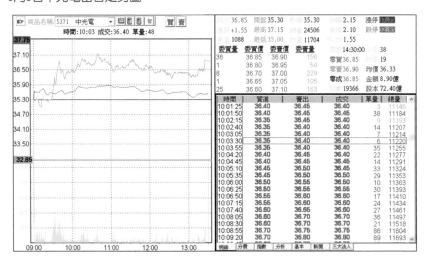

6月5日劍湖山當日走勢圖

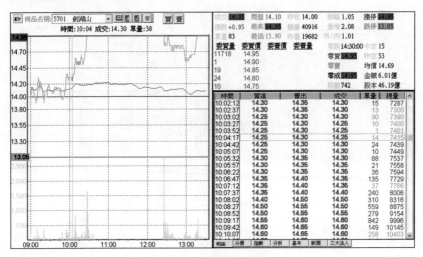

6月5日彩晶當日走勢圖，當日10點前並無明顯波動

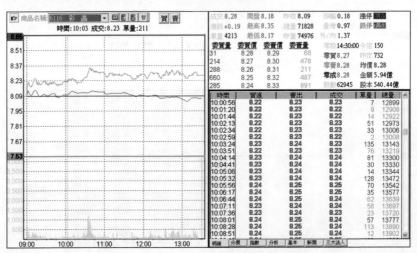

6月5日大盤當日走勢圖

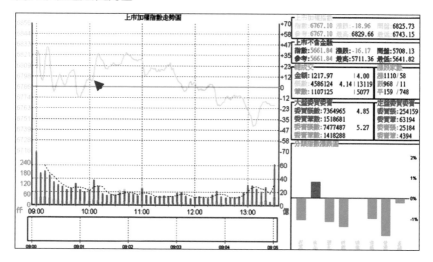

拾
當沖(下)

📄 關於當沖的錯誤觀念

　　許多人總是認為當沖長期下來一定不會賺錢，或是把當沖和投機劃上了等號，但經過這幾年的實戰驗證，我可以很肯的說，當沖其實是可以長期獲利的，只是贏家的比率佔極少數。大部分的人有著錯誤的觀念，或者是一開始當沖就已經踏出了錯誤的第一步──學習技術分析來當沖（關於我對技術分析的看法已經在《股市提款機》中討論過，故不再贅述）。

　　常有讀者來信詢問我，為什麼總是特別喜歡當沖交易而非波段操作呢？因為我覺得當沖算是一種保守的投資，當沖的輸贏是比較小的，以我自己本身為例，雖然我每天的成交量約2千萬左右，但是每一筆下單的金額約200～300萬左右，買進賣出也就約500～600萬了。且沖完一筆後才繼續再沖下一筆，一天只要沖個3～4筆左右，就達到2000多萬的成交量了。

　　許多對當沖有誤解的人會覺得當沖的勝負太大了，若突然從平盤就漲到了漲停，這時如果放空，不就賠了7%嗎？其實這並不太可能發生，如同之前所說的，當沖必須要挑成交量大的股票，因為成交量大，所以不太可能這筆是平盤，下一筆就變成了漲停。一般的股價上漲，一定是一步一步上漲，即使急拉上漲也是如此，雖然此時可能一次跳了許多檔，但只要你能遵守停損紀律，及時買回來，其實損失並不會太大。

我的停損一般都設得極小，所以每筆交易在停損時，最常發生的就是賠了交易成本，以一筆200～300萬為例，交易成本約為8000～10000元左右，即使一天倒楣連續賠了幾筆，其實也才只有幾萬元的損失，故以我本身而言，當沖的輸贏並不大。

另一方面，以波段操作來說，如果是200萬元的持股，一天的輸贏就可能是14萬了。而以停損來講，一般人波段操作的停損大約設5～10％的虧損或更多，如果再遇上一些突發性的利空，輸贏就更不得了。

大約有80％的股票幾乎都會跟著大盤的走勢，所以買股票等於預測未來幾星期大盤的走多或走空，這樣對我而言是遙遠了點，波段或許可以賺幾倍，但就如前作《股市提款機》所說，一直用錢滾錢的方式操作沒有人永遠不敗的，只要栽了一、兩次，可能之前所賺的就都不見了。所以只要你的觀念正確，當沖其實是個保守的投資行為，這也就是我較喜歡當沖操作的原因了。

📄 當沖的心態

當沖所該有的心態，最重要的就是別把當沖當成賭博。當沖並不是單純的賭大小而已，其勝率是可以藉由細心的觀察與研究來提升，所以成功當沖其實也是有竅門的。以台股來說，台灣股票的漲跌方式，變來變去就是那幾十種，過去幾千個交易日來，一定常常重複，所以當沖就如同統計學，利用經驗和觀察，有時可以大略知道哪些情況將出現某種走勢，但這些狀況無法隨時套用在任何股票身上，所以如果投資人現在問我某檔股票之後會漲或會跌？老實說，我不知道！

當沖交易者並不需要預測未來的股價走勢，我們只是在等待，等待出現某些特定的徵兆，而這些徵兆能夠透過過去的經驗來判斷；之後在適合的時間點上出手，大約出手後幾分鐘，也就獲利了結或停損，然後再尋找下一個目標！

而當沖另一個要注意的就是，避開散戶的思維。我深信散戶操作股票，長期下來一定是賠錢的，因此我很樂意和一般散戶對作，反市場操作雖然讓我每次出手都心驚膽顫，不過事實證明，只要避開散戶的思維就能夠賺錢。

當然散戶也有賺錢的時候，如同跟散戶對作也有賠錢的時候，但是長期下來，賠錢的機率相對少許多，畢竟主力出貨一定出在大家最樂觀的時候，這樣出貨才容易。這也就是經驗，所以當你覺得穩漲的時候，結果往往都不如預期。

📄 當沖的價位選擇

一些當沖新手可能覺得10～15元左右的價位是最好當沖的價位，因為有時候只要賺了一檔0.5元，就能cover其手續費、交易稅等，甚至還有賺。記得我剛開始當沖時也較喜歡選擇這類的股票，不過當沖久了就會發現，這種價位的股票反而是比較不好獲利的。因為這些價位一檔的差距就很大了，雖然賺一檔就是有賺，但相對的，要停損時，多一檔的價格就差很多了。

另外，我習慣用市價買賣股票，所以如果買進是成交在外盤價，而賣出成交在內盤價，這樣一來一往的價差可就大了，所以這種價位的股票，運氣佔的成分太重了；我比較喜歡當沖價格檔數比較細的股票，如40元到99元之間的股票。因為它每一筆的價格較細，如果是用市價單買賣，這時是否成交在內外盤價反而就沒那麼重要了，這可以供當沖新手們做個參考。

🗐 關於當沖的自選股

茫茫股海中，當沖標的應該如何挑選呢？當沖最重要的就是要有量，有量才好沖，故我最重視的就是成交量——成交值大（成交量×股價）與波動大的股票。

由於我的交易量大，每次出手可能動輒百張以上的單子，因此我選定的股票成交量，當天至少要有萬張以上的水準才符合要求。另一點就是成交值至少要2億以上才及格，當然成交量與成交值是越大越好。再來最重要的一點就是波動也要大，波動如果太小的大牛股，沖起來可能很難cover過交易成本，應該儘量避免此類的股票。

通常每支股票都有其股性。而個股的股性就像每個人的個性，不可能一夕之間改變，因此我們能依照哪些股票平時股性較活潑或波動、成交值與成交量較大，設為固定的自選股，不需要每天換來換去，如宏達電、聯發科、友達、彩晶等。我平時交易的的觀察股約30檔左右，而固定的自選股約佔1/3；另外的1/3觀察股則是當日收盤後的功課了，主要以當日成交量成交值與波動大的個股為主；最後1/3的觀察股則是隔日開盤後於盤中隨時挑選新增了。

📄 給當沖新手的建議

《股市提款機》出版後，我收到許多讀者的來信，有些讀者看完書會有辭掉工作的念頭，自己也來從事當沖，心裡想著或許也能夠靠當沖大賺一筆或以此維生，我的建議是，千萬千萬千萬別辭掉你的工作來從事當沖！

第一點，我的出現只是證明行行出狀元，當沖也是有人能成功的，不過成功的比率真的是很低很低，或許你可以問問幹了20、30年的營業員，有沒有看過長期當沖存活下來或賺錢的人呢？

第二點，如我之前所說的，我的方法其實在書裡並沒有完全公開，只透露了其中幾種；另外，你讀熟了嗎？即使方法你全學會了，那還有經驗、情緒、心態、資金控管……等，這些也都是很重要的；但我並不是說這本書對你沒什麼幫助，書中的觀念、方法都能夠幫助你買在低點、賣在高點，且這不是一本專門教你當沖的書，其中也包含波段操作。

總歸來講，想靠當沖維生的人，真的要先請你三思，參與者多而成功者少，如果你真的還是想試試，覺得自己年輕有本錢，頂多失敗了再重來，那我的建議是，你先多學多看幾個月，試著下模擬單，等到有一定的把握後，再一張、兩張小小的試單，培養經驗。

當沖並不像波段，錯過了這波就沒得賺了。只要股市有交易就能夠賺錢，所以賺錢的機會天天都有，最重要的是先保住你的資本才有機會賺錢。

拾壹
停損

　　進來市場的第一堂課應該就是學會如何停損，停損能夠控制風險，讓損失不致擴大到無法收拾的局面，所以停損是讓你在股海裡長期生存的唯一法則。

　　在每筆交易前，我習慣先想好最糟的情況，並且設定停損的條件。如何停損或者何時停損應該是在交易前就先有底了，如果你在交易前沒有思考過這個問題，那麼我敢保証，未來將是兇多吉少了。

　　許多人下單前不習慣預設停損條件，只覺得到時候看盤面情勢再見機行事即可，坦白說，這是個錯誤且失敗的方法。停損是違背人性的，所以到了該停損的時候，你的潛意識往往會告訴你再多等一會兒或再給一次機會，因為停損的那刻就等於承認自己虧損賠錢了。但只要幾次的「多等一會兒」、「再給一次機會」，就會造成更巨額的虧損。若心中沒有預設停損，便容易被盤面氣氛影響，當大家樂觀的時候，你自然隨之起舞而去追高；大家悲觀的時候，亦隨之殺低。然而股票市場中的群眾大部分都是盲目的，跟大家做一樣的事是很危險的行為，因此當你發現承受不住如此的虧損，想一了百了停損殺出時，通常已是股價的反轉點了。

　　許多當沖新手最常犯的錯誤就是捨不得停損，本來是當沖的單子，因為不忍停損，只好自我安慰說，那就改做波段投資吧！當初買進的理由是當沖，虧損後則改為波段，這是個錯誤的心態。筆者並不是說波段操作不對，只是你在沒有研究這檔股票前便波段投資它，這和賭大小有何不同呢？

　　大部分的人都喜歡以波段高或波段低為停損點，其實停損價應該要避免與眾人相同，因為這些位置太多人設停損了，真要停損時，可能會造成穿價而擴大損失或被主力一網打盡，所以筆者在每筆交易前，會先想好停損的情況，至於該如何設立停損呢？如同前作《股市提款機》中所提到：「當股票買進或賣出理由消失時，就是我的出場點。」至於股票的買進或賣出理由為何？例如我們因為期貨突然急拉上漲，而買進成交量大與波動大的股票，但若之後大盤跟著上漲急拉，該個股卻一動也不動時，我就會停損，因為它沒有如預期的上漲或是上漲幅度沒有預期的多。或者我們因期貨突然急拉上漲，而買進了成交量大與波動大的股票，但之後期貨又突然急殺破底，此時我們就應該壯士斷腕，立刻賣出停損，因為買進的理由已經消失了。

　　「紀律」則是當沖獲利的不二法門，平時我們應該耐心等待，一直到買進或賣出的訊號出現後，才狠狠的出手，達到獲利目標就停利；相對的，如果做錯了就應立即停損，當斷則斷。

　　我的另外一個重要的紀律就是連續兩筆交易賠錢後，會離開電腦前，冷靜檢討10分鐘。因為當你連續賠了錢，心裡就會有個念頭：我要把虧損的錢賺回來。也因為這個念頭，所以就會急著想下單或勉強出手；當然，心浮氣躁的出手，後果就是越賠越多；而當你越賠越多，情緒也會更不穩定，這時反而更想下大注，妄想能一筆就把虧損賺回來；等你下了大注，貪婪與恐懼就會吞噬你，讓你越陷越深。情緒的控制是很重要的，所以我會在心情平復後，再給自己當天最後一次交易的機會；如果心情依舊無法平復，內心仍充

斥著想把虧損的錢賺回來的意念，我就會停止當天的交易，好好休息，明天再重新來過！

以2009年8月12日為例：

10點23分，期貨突然急殺，跌破了前波低，這時筆者的操作策略是立刻放空富邦金100張，成交價為31.6。但成交後卻又發現期指在破底後突然反轉向上，這時我知道放空的理由已經消失，該做的是立刻回補空單，因此我立刻在31.6的價位回補空單。

在短短的1分多鐘賣出又買進同樣的價位，感覺真的很不好，1分多鐘的時間就賠了手續費1萬多元，我的營業員還打來問我是否下錯單了，不過這也沒辦法，因為我知道如果我再繼續留著單，那就是在賭了。

8月12日期指走勢圖

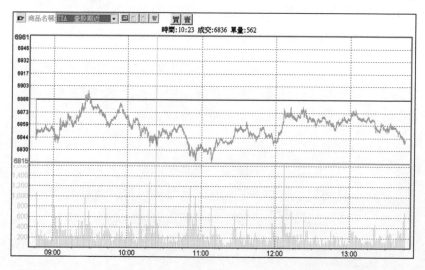

8月12日富邦金(2881)交割單

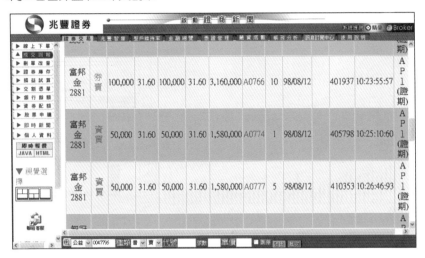

8月12日富邦金(2881)走勢圖

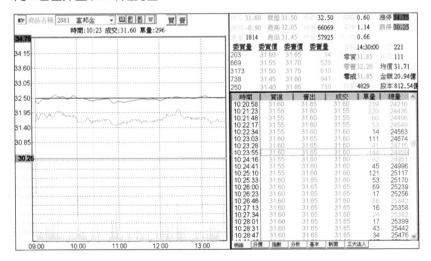

股市
提款卡

8月12日大盤走勢圖

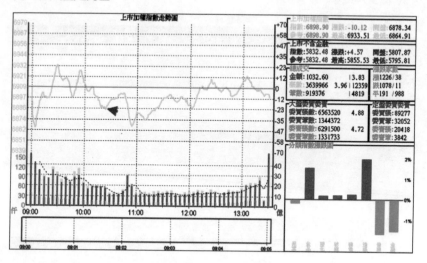

拾貳
爆大量後的跌停打開

　　股票市場常發生一些跌停幾天後跌停打開爆大量的股票，這也是我最喜歡參與的投資標的之一。各位可千萬別誤以為我是教導大家在跌停打開前買進股票——雖然有時一天就能賺到14%的利潤（跌停買進收盤漲停）——因為這種東西不用我教，許多投機客都喜歡這樣操作，不過這樣的風險其實是很高的。

　　跌停打開爆大量可能是主力進貨，但相對的，也可能是主力出貨。如果一檔股票天天跌停在歷史低點而跌停爆大量打開了，各位請別天真的認為這一定是主力進貨，這是很錯誤的想法。主力也可能在歷史低點2塊錢出貨，到了1塊5時再買進；或者雖然已經在歷史低點了，但因背後可能隱藏著更大的利空，所以跌停打開爆大量主力也是在出貨的。因此除非你壓對邊，否則即使跌停打開時你買在跌停板，也是很容易虧錢的。

　　當跌停幾天後，在跌停即將打開時，通常都會吸引許多投機客在跌停板買進，他們持有的時間很短暫，因為他們只想坐轎，所以對該股股價是有不好的影響。許多平盤下不能放空的股票，如果跌停幾天後跌停打開了，在平盤的價位將有許多的賣單，這些賣單就是跌停板買進的投機客所掛要沖掉持股的。如果當天沒有漲到平盤以上，那麼這些跌停融資買進搶短的投機客，會因為在平盤上沒有沖掉，而在隔日開盤以市價賣出，也因此賣壓大部分會在開盤第一筆宣洩出來。

　　不能信用交易的股票也是同樣的道理，跌停板投機客買進的持股將直接累積到隔天的開盤一起宣洩出來。至於平盤下能夠放空的股票則不會發生這種情況，因為買進的投機客可以隨時透過任何價

位賣出持股，賣壓在當日是一直宣洩的，所以隔天開盤將不會有投機客的賣壓打擊。

透過以上的分析我們可以知道，最危險的行為就是對於沒有信用交易的股票，你在跌停打開且股價拉高後當日買進持有；另一種危險行為則是能信用交易但平盤下不能當沖的股票，你在它未漲至平盤上時做買進的動作。該股如果已經漲到平盤上，表示跌停的投機買盤都已宣洩，隔日開盤較不會有投機客的賣壓。所以不能信用交易與平盤下不能當沖而當日未漲至平盤上的這兩種股票，在隔日開盤都會受到空方的襲擊(因為昨日的投機客進場)，所以若真要買進，何不等到隔日開盤第一筆再買進呢？

例華映(2475) 日K圖

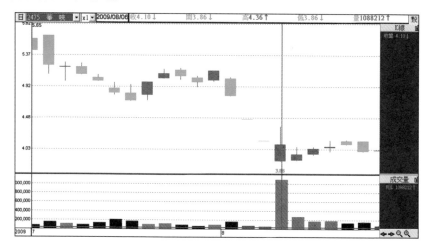

華映(2475) 8月6日跌停打開

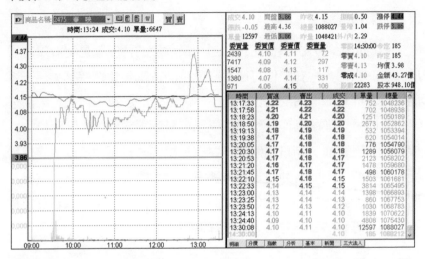

華映(2475) 8月10日開盤遭空方襲擊

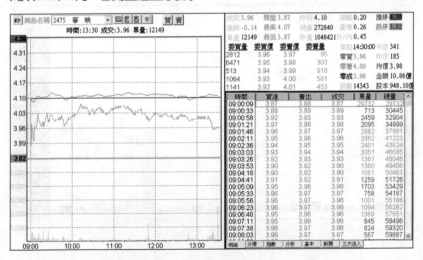

華宇(2381) 日K圖

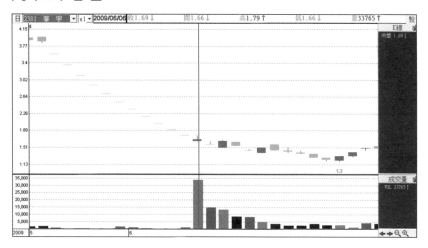

華宇(2381) 6月6日跌停打開

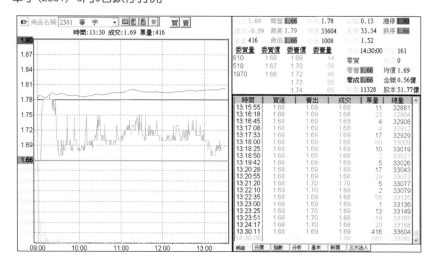

華宇(2381) 6月8日開盤遭空方襲擊

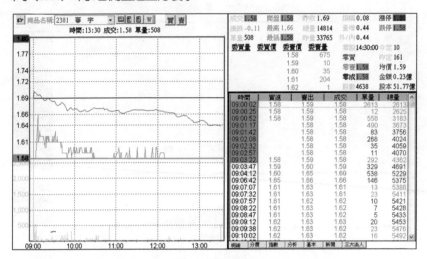

台開(2841) 日K圖

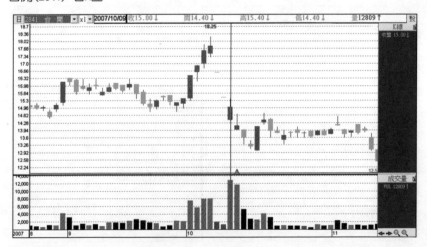

台開（2841） 10月9日跌停打開

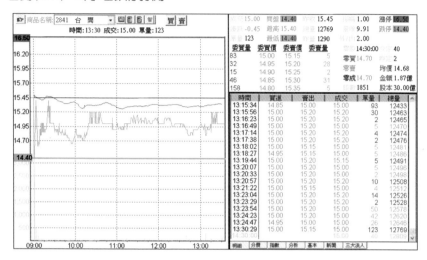

台開（2841） 10月11日開盤遭空方襲擊

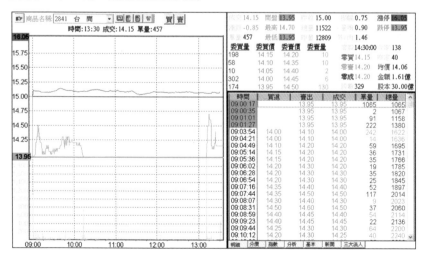

宏達電(2498) 日K圖

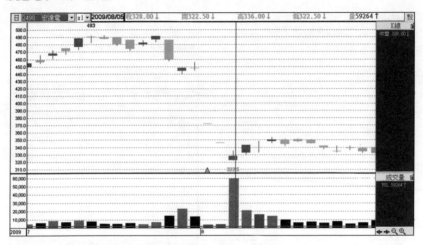

宏達電(2498) 8月5日跌停打開

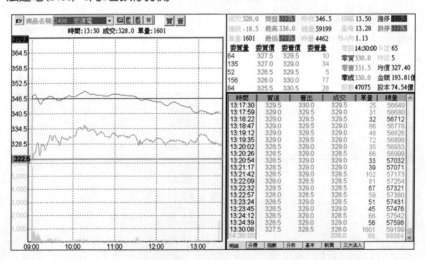

宏達電(2498) 8月6日開盤並未受空方襲擊(因該股平盤下可當沖，賣壓已在前一日宣洩完畢)

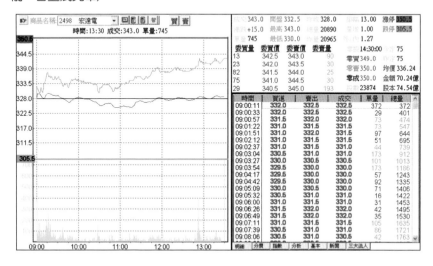

拾參
關於除權息

　　《股市提款機》中有提到，如果一檔股票的權值高，且除權息前一日之尾盤幾分鐘，明顯弱勢於大盤，有棄權賣壓的現象，那麼尾盤最後一筆將可買進以進行套利，會有不錯的利潤。

　　值得讀者注意的是，所謂的「權值高」是以股票股利為佳，而非現金股利，因為股票股利才會使除權後的參考價格大幅下降，也才容易引起市場的買盤；如果只是單純的現金股利，那麼除息後參考價下降的幅度也就相對較小了。

　　以民國98年的宏達電為例，其配發現金股利27元，股票股利0.5元，雖然該股的現金股利高達27元，但它除權息前一天之價格在400多元，扣掉27元的話，其實價格減少的比率並不多；另外就是股票股利只有0.5元，對其價格減少的幅度是沒什麼影響的，因此筆者不會參加。

　　而以民國98年的昱晶(3514)為例，其總共配發了4元的股票股利，以它除權前的價格60幾元來說，除權後價格只剩下40幾元，下降比率非常高，而像這種就蠻推薦參加除權套利。

昱晶(3514) 8月14日除權後開盤較大盤強勢許多

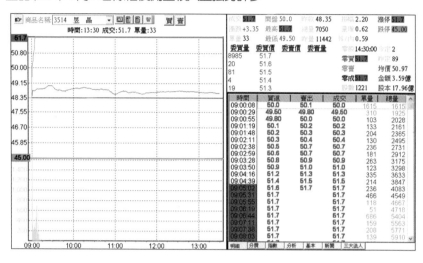

　　是否參加除權的另一個參考重要因素就是可扣抵稅率。可扣抵稅率就是一般大眾投資的公司須繳納營利事業所得稅後，才能分配股利給股東，而股東收到股利後，必須再被課一次個人所得稅，造成同一所得被課徵兩次所得稅的情況。因此公司所繳納之所得稅可用以抵扣股東所得稅，如果股東之所得完全來自股利，則當股東之適用稅率高於營利事業所得稅時，股東應補其差額之稅額；若股東適用稅率低於營利事業所得稅率，則股東可申請退稅。換言之，我們投資的公司所繳交的營利事業所得稅，將成為股東綜合所得稅之預繳稅款，所以只要「稅額扣抵比率」高於「個人綜合所得稅率」，那麼股東參與除權息，不僅可享受股利或股息報酬，亦可額外獲得抵減稅額。

　　舉例來說，如果你持有A公司股票1張，該公司配發3.5元現金股利和1元的股票股利，而該公司的可扣抵稅率為30%，你個人的稅率為6%，那麼你的股利收入為：

$(3.5 \times 1000) + (1 \times 1000) = 4500$元
$4500 \times (30\% - 6\%) = 1080$
1080為你的可扣抵稅額。
如果該年度你的所得稅需繳交6000元，那麼
$6000 - 1080 = 4920$元，你實際只需繳交4920元即可。

如果該年度你的所得稅需繳交500元，那麼
$500 - 1080 = -580$元，政府還會退稅給你580元。

　　因此，可扣抵稅率越高的股票，享受到的退稅優惠也將越多，這也可作為參與除權息的一個參考。

　　讀者若想查詢個股的可扣抵稅率，筆者推薦可至以下網址直接查詢：

http://stock.okok23.com

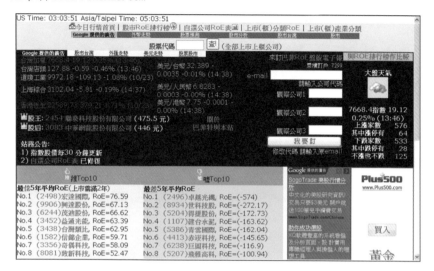

如晶華的稅額扣抵比率為33.34%

拾肆
交易雜記

📄 記得那堂4小時5萬元的課

2000年8月左右，當時我很沉迷於技術分析的領域中，每天翻遍了許多關於技術分析的書，雖然當時的操作蠻差勁的，但我有一個很堅強的信念——我相信技術分析學得好，以後的生活就不用愁了。那段時間偶爾會上yahoo的討論區看看大家的看法，當時討論區上出了一位股市神人——發哥。討論區內常常看到許多稱讚他的話，例如今天他告訴網友的股票又漲停了……等等，雖然我也有寄信去要明牌，但每次好像只有我沒收到他報的明牌回信。

過了不久，在大家的簇擁下，他勉強答應開課（大家千拜託萬拜託，他真的是千百萬個不願意），開的課程是技術分析教學，4小時總共5萬元，地點在台中某飯店的會議室，所以我也興沖沖的帶著5萬元從台北趕去台中報名上課。

當時我的想法是，學成之後，隨便賺幾支漲停板就回本了，真是一項很划算的投資。我們的班名叫螃蟹班，宗旨就是學了之後能像螃蟹一樣在股市裡橫著走。每班約40人左右，共有螃蟹一班、二班、三班、四班。

發哥收完錢、教完我們後，說他在股市裡賺太多，該是退休的時候，股市未來即將是螃蟹班的天下了，因而從此人間蒸發。而我們幾個在上課期間認識的朋友，不久後非但沒有在股市裡橫著走，反而是被抬了出去——我們陣亡了！

後來幾個朋友私下聊天後才發現，原來以前根本沒人收過發哥的明牌，大家推測有收到並且有賺錢的人，都是他自己申請的帳號，自彈自唱的。

　　幾年後的某天，我正好在網路上尋找便宜手續費，所以把電話留給了自稱某證券的營業員，大家聊了一會兒，電話那頭就開始說他在股市裡賺了多少錢，他願意開課教學技術分析，4個小時收費5萬元，學成之後包你在股海裡像螃蟹橫著走——怎麼這句話聽起來好熟悉？我就問了：「請問你是叫發哥嗎？」　他很驚訝的說：「你怎麼知道？」我就說：「因為我以前上過你的螃蟹班啊！」之後電話那頭就掛掉了。

聽說主力要炒作ＸＸＸＸ

　　最近行情很熱，有的小型股都漲了好幾倍，因此最近又開始聽到「某某股票有人要炒作，因為主力是我父親的好朋友」……之類的話。

　　聽到這種話時，或許該用大腦思考一下，主力炒作股票，最重要的是能夠在低點買很多，而在高點順利出清；如果低點有人跟著多買了100張股票，就表示未來在高點時將多出100張的賣壓。主力通常持股很多，在高點時巴不得多些散戶進來買，好讓自己的價格賣好一點，怎麼可能還會讓其他人來坐轎，自己卻賣力的幫大家抬轎？這種事情到頭來，損失的會是主力自己。如果主力真要告訴自己的好朋友讓他賺錢，我覺得倒不如直接拿錢送他還比較實際，也更安全，畢竟我告訴了一個人，難保一傳十、十傳百吧？如果我是主力要炒作某檔股票，老實說，連自己的父母兄弟姐妹都不會透露了，更何況朋友？

以前在螃蟹班認識一個朋友，過去也是小有名氣的主力，聽他說到自己以前的故事：

當年他和兩個好朋友經過朋友介紹，和一知名的主力邱先生一起合作炒作股票，當時因為怕走漏風聲，四個人在VIP室操盤時，誰也不許離開；後來某天股價炒到高檔時，漲停鎖了不少，陸陸續續開始有了賣壓，四人決定再加買股票。一個人打電話告訴營業員要買幾百張後，就換另一個打電話，就這樣四個人輪流買。

結果股價一路跌，到了收盤變成了跌停。

之後才發現，當時邱先生已經先跟自己的營業員說好了，要買的意思就是要賣，其他三個人就被一人所坑殺，而之後那三個人也從此一蹶不振了。

📄 富邦金錯帳事件

2005年6月27日星期一，早盤股市沒什麼特別的波動，筆者也在那天10點多就休息不做了。11點34分左右，我正坐在電腦前一邊跟朋友聊天一邊看著股市，突然發現開始有些股票出現即將大幅往上波動的信號（↑），而且有數百檔之多（如果股票下一筆突然即將大幅上漲或下跌超過4%以上，證交所將暫停該股交易約3分鐘左右，這個方式是讓投資人冷靜一下，不要太衝動；如果是即將大幅上漲，將會出現「↑」這個符號，如果是即將大幅下跌，則是出現「↓」）。

　　我馬上發覺不對勁，便急急忙忙結束聊天，趕快撥電話給了營業員，問他是否有什麼突發的利多或消息。我的營業員還不清楚是什麼情況，猜想或許是證交所的電腦當機了。掛上電話後，我就開始盯著螢幕，看看是哪些股票大幅上漲，不過似乎都是一些中小型的個股。

　　而這時的台積電、聯電、鴻海等並沒有異常波動，所以我猜想應該不是兩岸三通之類的大利多，否則應該所有的股票通通大幅上漲才是。這時我的第一個假設就是，或許政府頒布了對中小型的股票有利的政策吧。第二個假設則是證交所的電腦當機，造成某些股票突然大幅上漲。如果真的是第一個假設，那麼我現在放空股票可能是兇多吉少了；不過如果是第二個假設，那麼上漲的股價可能會回歸原來的水平。因此在消息不明前，我不敢採取任何動作，純粹觀察而已。

　　11點37分左右，那些有↑符號的股票紛紛大漲，許多股票都漲停鎖死，但之後的下一筆，那些大漲的股票卻又出現↓的符號，表示下一筆即將大跌了。許多大幅上漲的股票出現這種情況，怎麼上去就怎麼下來，所以我可以斷定，第一個假設應該是不成立的。那麼應該就是證交所的電腦當機了，這時就要尋找放空標的了──因為股價怎麼上去就會怎麼下來，雖然許多股票都一筆從平盤拉到漲停，不過下一筆也都出現了↓，因此如果這時放空出現↓的股票，放空到的價格應該也是很差的，或許也可能被打回原點，因此我急著尋找仍出現↑、等著撮合成交的股票。

這時真的是在跟時間賽跑了，約11:39分，我找到了晶豪科(3006)、綠點(3007)這兩檔股票代號相連的股票，它們尚處於↑的狀態，所以二話不說，馬上key單放空這兩檔各20張。

11:39:43，電腦回報了，3006晶豪科成交了20張；11:40:06，電腦又回報綠點成交了20張。成交後，這兩檔股票立刻出現↓的符號，表示下一筆股價即將大幅向下，並且將短暫停止約3分鐘左右等待撮合。

此時我的壓力已經減輕不少，但還沒鬆懈下來，這暫停的3分鐘裡，我除了忙著掛單等待穿價成交，剩下的時間就是觀察其它類似股票的後續走勢。其它類似的股票下跌後，大部分皆打回起漲點附近，之後就是在盤整，所以我放心了不少。過不久後，電腦傳來委託的單子陸續穿價成交在平盤左右，我的壓力才瞬間解除。

交易後最快樂的事，當然就是計算損益了。這兩筆單子在幾分鐘的時間賺了約24萬左右，真的很開心。而這一天的經歷我也將永遠記得。

除了從交易中賺取金錢的快樂外，我覺得更快樂的就是，從每一筆的成功交易中滿足了更多的成就感——我在享受交易的樂趣。

全戀(2446) 從11:37:40秒後就出現↓的符號，一直到11:40:11

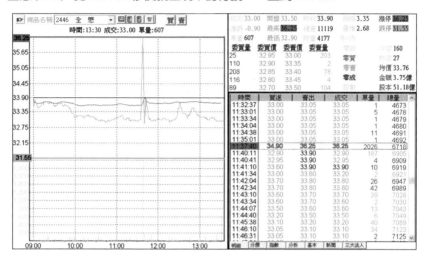

華泰(2329) 從11:36:31後開始急速下跌

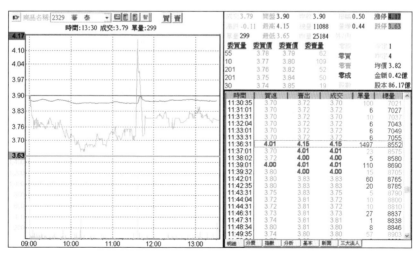

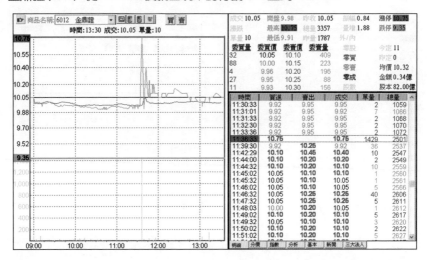
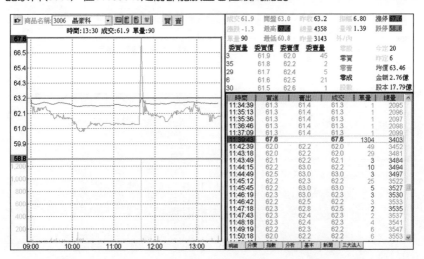

股市
提款卡

金鼎證(6012) 從11:36:33後就出現↓的符號，一直到11:39:30

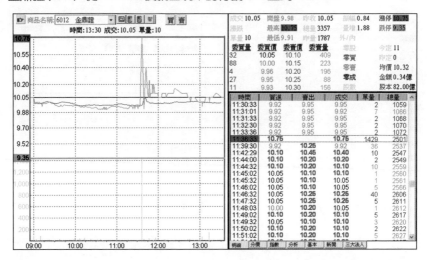

晶豪科(3006) 在11:39:43之前都能放空它在最高點的

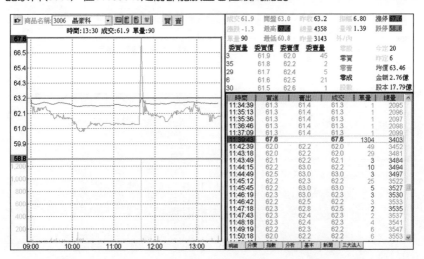

綠點(3007) 在11:40:06之前都能放空它在最高點的

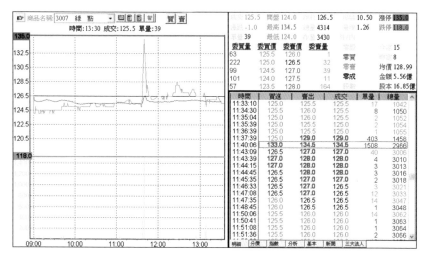

之後透過新聞報導，我才知道原來是吃到了富邦金的豆腐。

國內股市昨日上午11時33分到41分，短短8分鐘內突然爆大量，有282檔股票漲停，昨日台股一度因此由黑翻紅，加權指數急漲50餘點。

富邦證券昨日下午向證券交易所報告，由證交所總經理陳明泰對外召開記者會說明，整個事件是因為富邦證券轉換新電腦系統，交易員不熟悉操作流程，所以將「1」敲成「100」，原本8000萬元的買單，頓時暴增為80億元。富邦證券在察覺錯誤後，雖然在昨日收盤以前，對幾檔下錯單的股票進行反向回沖動作，但只回沖10億多元。

該起事件粗估損失約5億元，由該公司全數承擔，營業員則是開除處分。

通常營業員下錯單，若損失的金額不大（幾萬元內），皆由營業員完全吸收負責，但如果金額較大，公司則會幫忙負擔。該事件損失金額約5億左右，營業員只受到開除處分而不用負擔部分金額，已經算是最好的結果了。

雖然同樣的事件不太可能會重複發生，不過我仍提供當時的思考羅輯與操作方法供讀者們參考，畢竟在股票市場裡，什麼事情都有可能發生的。

🗒 現股一天獲利33%

記得曾經用現股買進一檔跌停的股票（非權證），而當日收盤收漲停後卻賺了33%，之後股價漲停5天後就漲了一倍，這是為什麼呢？請讀者猜猜看答案？

該股，現股買進非當沖；非權證；為現股。

答案就是該股為股價低於0.14元的股票。依照交易所規定，股價最小的漲跌單位為0.01，因此當股價低於0.14元的時候，就會發生漲跌停幅度大於7%的情況，且股價越低，幅度即相對越大。

寶祥(2525) 2004年12月6日當日走勢圖

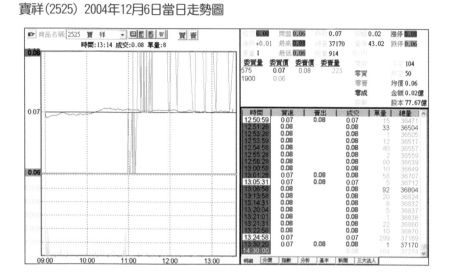

寶祥(2525) 2004年12月13日當日走勢圖

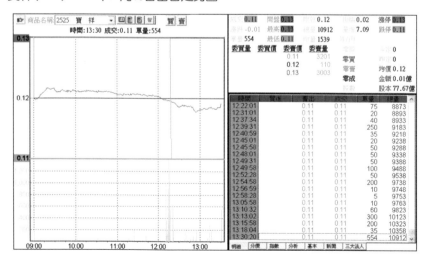

寶祥(2525) 日K圖-1

寶祥(2525) 日K圖-2

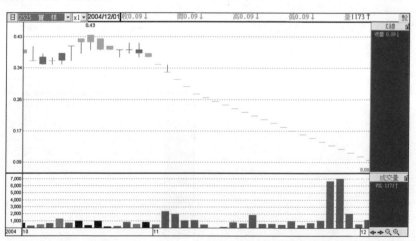

寶祥(2525) 交割單

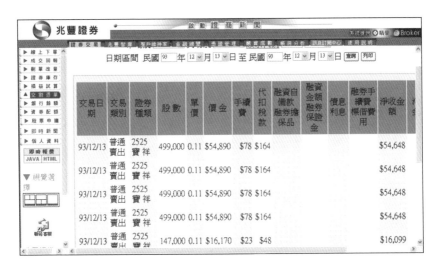

📑 至於買進理由為何呢？

從日K圖-2我們可以看到，寶祥下跌時是天天跌停鎖住的，而之所以會如此的原因就是證交所公告它即將於2005年1月4日下市。對於即將下市的股票，大家當然是爭先恐後不計價殺出，故天天跌停鎖住是很正常的情形。

但有一點需要特別注意，它雖然鎖住卻有出量，從日K圖-2我們可以看到，它鎖住，每天卻至少有1000至2000張的成交量，成交量就表示有人買也有人賣，有人賣是很正常的，但有人天天買幾千張就不正常了。尤其是比較它跌停前的成交量(每日約數百張)和天天跌停鎖住的成交量，我們可發現，跌停鎖住時的成交量反而是增加的，這就表示有特定人在買了。當然有人會說，這會不會只是個笨蛋正好去買進才造成的？這當然也是有可能的，不過我們仔細思考，這位所謂的笨蛋，敢在天天跌停且鎖住這麼多的情況下，每日買進千張以上的股票，算一算這段期間應該買進了1～2萬張的股票，能夠拿那麼多錢並且每天分批買進，應該不是普通的笨蛋所為，而是有意圖、有計劃的買進行為。

另外一點就是，跌停打開時為12月6日，距離下市日期還有一個月，在還有一個月的時間中，且股價只剩下0.06，這時是有很大的想像空間可以炒作的。

附表
獲利統計

近三年當沖獲利統計表(不包含隔日沖)

月份	當月損益	累計
2006年06月	+555,002	555,002
2006年07月	−110,036	444,966
2006年08月	+115,418	560,384
2006年09月	+48,264	608,648
2006年10月	+207,913	816,561
2006年11月	+733,420	1,549,981
2006年12月	+605,832	2,155,813
2007年01月	+832,349	2,988,162
2007年02月	+72,266	3,060,428
2007年03月	+242,575	3,303,003
2007年04月	+444,670	3,747,673
2007年05月	+455,063	4,202,736
2007年06月	+296,653	4,499,389
2007年07月	+995,992	5,495,381
2007年08月	+595,165	6,090,546
2007年09月	+219,398	6,309,944
2007年10月	+701,456	7,011,400
2007年11月	+703,010	7,714,410
2007年12月	+468,518	8,182,928
2008年01月	+795,006	8,977,934
2008年02月	+120,197	9,098,131
2008年03月	+297,829	9,395,960
2008年04月	+263,087	9,659,047
2008年05月	+328,584	9,987,631
2008年06月	+272,060	10,259,691
2008年07月	+231,979	10,491,670
2008年08月	+314,206	10,805,876
2008年09月	+345,765	11,151,641
2008年12月	+184,804	11,336,445
2009年01月	+107,934	11,444,379

月份	當月損益	累計
2009年02月	+210,605	11,654,984
2009年03月	+163,108	11,818,092
2009年04月	+972,374	12,790,466
2009年05月	+1,028,748	13,819,214
2009年06月	+989,914	14,809,128
2009年07月	+518,980	15,328,108
2009年08月	+269,068	15,597,176

■ 2008年10月、11月政府禁止放空。

■ 2006年6月～2008年9月之交割單請參考前作《股市提款機》。

📄 各月份交割單

■ 交割單左下角的當沖賺賠＝買賣價差－證交稅－全額手續費

筆者手續費為1.7折，但券商皆先收全額手續費，於下個月

再退還83%的手續費，所以

實際當沖損益＝（手續費83%退佣）＋（當沖賺賠）

股市
提款卡

2008年12月
獲利 184,804元

當沖損益＝（手續費83%退佣）＋（當沖賺賠）
668,616×0.83－370,147＝184,804元

兆豐證券

日期	成交金額	手續費	交易稅	買進金額	賣出金額	退收金額	淨收付金額
97/12/12	$10,241,070	$23,124	$24,418	$11,559,057	$12,174,700	$8,105,277	$8,111,309
97/12/15	$54,731,950	$77,956	$82,196	$38,555,722	$40,716,700	$27,279,922	$27,369,726
97/12/16	$24,166,910	$34,405	$36,328	$17,619,336	$17,395,900	$12,058,806	$12,071,689
97/12/17	$21,072,960	$30,001	$31,693	$15,952,221	$14,583,300	$10,518,761	$10,522,415
97/12/18	$13,165,430	$18,735	$19,818	$10,313,203	$8,769,000	$6,577,273	$6,568,256
97/12/19	$20,373,950	$29,004	$30,613	$15,544,805	$13,970,000	$10,160,965	$10,182,312
97/12/22	$8,825,130	$12,562	$13,313	$7,159,496	$5,640,800	$4,418,756	$4,392,981
97/12/23	$16,733,550	$23,828	$25,058	$11,674,596	$12,541,300	$8,317,296	$8,391,232
97/12/24	$11,423,610	$16,259	$17,192	$7,998,257	$8,559,100	$5,706,617	$5,699,738
97/12/25	$6,186,060	$8,806	$9,296	$4,477,352	$4,485,400	$3,086,302	$3,090,444
97/12/26	$8,261,400	$11,758	$12,448	$6,080,042	$5,899,500	$4,132,642	$4,116,248
97/12/29	$13,642,300	$19,426	$20,528	$10,340,028	$9,431,400	$6,813,228	$6,808,482
97/12/30	$7,937,760	$11,297	$11,957	$6,827,130	$4,680,800	$3,968,630	$3,957,124
97/12/31	$18,275,250	$26,032	$27,469	$12,830,734	$13,644,900	$9,115,984	$9,131,735

成交總金額 $469,580,880
手續費總金額 $668,616
退收金額 $234,265,344
當沖賺賠 $-370,147

2009年01月
獲利 107,934元

當沖損益＝（手續費83%退佣）＋（當沖賺賠）

402,090×0.83－225,800＝107,934元

兆豐證券

日期			
98/01/07	$24,908,300	$35,459	$37,453	$18,412,100	$12,431,615	$12,439,127
98/01/08	$14,069,750	$20,036	$21,149	$10,427,700	$7,019,410	$7,029,145
98/01/09	$22,046,350	$31,388	$33,117	$15,977,900	$10,994,116	$11,019,071
98/01/10	$28,233,650	$40,215	$42,355	$21,172,800	$14,058,637	$14,132,657
98/01/12	$19,503,400	$27,770	$29,371	$13,649,085	$9,748,185	$9,725,726
98/01/13	$10,136,150	$14,426	$15,233	$7,234,687	$5,056,387	$5,064,496
98/01/14	$27,281,300	$38,847	$41,011	$19,478,816	$13,611,696	$13,628,494
98/01/15	$19,752,980	$28,140	$29,600	$13,768,597	$9,823,347	$9,900,067
98/01/16	$25,596,740	$36,416	$38,444	$17,956,044	$12,761,104	$12,787,104
98/01/17	$15,443,300	$21,984	$23,213	$10,797,068	$7,705,568	$7,714,465
98/01/19	$10,747,300	$15,301	$16,160	$7,517,468	$5,364,568	$5,366,529
98/01/20	$11,730,500	$16,696	$17,625	$8,200,515	$5,851,515	$5,861,336
98/01/21	$10,961,730	$15,606	$16,466	$8,066,445	$5,465,955	$5,479,277

成交總金額　　$402,090

手續費總金額　　$140,852,037　　交易稅總金額

淨收金額　　　　　　　$-225,800　　淨付金額

當沖賺賠　　　　　　　　　　　　　總淨收付金額

$282,399,870

2009年02月

獲利 210,605元

當沖損益＝(手續費83%退佣)＋(當沖賺賠)

598,757×0.83－286,363＝210,605

兆豐證券

日期	成交總金額							
98/02/11	$26,494,030	$37,716	$36,830	$19,830,712	$17,433,400	$8	$13,971,887	$12,218,739
98/02/12	$15,451,950	$22,001	$23,234	$10,802,685	$11,585,900		$7,711,035	$7,717,620
98/02/13	$9,767,250	$13,904	$15,248	$6,905,922	$7,334,000	$342	$4,719,429	$4,999,315
98/02/16	$20,135,050	$28,666	$29,730	$13,833,855	$15,134,300		$10,164,397	$9,885,399
98/02/17	$32,024,300	$45,611	$48,155	$22,379,280	$24,022,400	$2	$15,982,180	$15,993,846
98/02/18	$10,394,650	$14,799	$15,636	$7,283,591	$7,780,300		$5,190,191	$5,188,776
98/02/19	$20,630,200	$29,369	$31,006	$14,428,471	$15,461,100		$10,292,421	$10,306,696
98/02/20	$22,321,440	$31,782	$33,538	$15,595,982	$16,740,900		$11,132,782	$11,155,062
98/02/23	$22,715,610	$32,341	$34,128	$15,878,282	$17,029,200		$11,328,822	$11,352,601
98/02/24	$20,484,860	$29,159	$30,773	$14,324,478	$15,350,800		$10,215,678	$10,238,350
98/02/25	$11,590,550	$16,499	$17,420	$8,100,860	$8,692,000		$5,782,570	$5,790,519
98/02/26	$11,979,700	$17,061	$18,005	$8,371,146	$8,984,400		$5,975,846	$5,985,812
98/02/27	$21,741,180	$30,948	$32,677	$15,351,989	$16,147,800		$10,847,229	$10,861,194

		交易稅總金額	$420,531,400
成交總金額			
手續費總金額	$598,757	淨付金額	
淨收金額	$209,528,320	總淨收付金額	
當沖賺賠	$-286,363		

2009年03月
獲利 163,108元

當沖損益＝(手續費83%退用)＋(當沖賺賠)

516,977×0.83－265,982＝163,108

兆豐證券

日期	成交總金額	手續費	交易稅				
98/03/11	$21,850,000	$31,124	$32,913	$15,282,457	$16,392,900	$10,922,457	$10,894,494
98/03/12	$6,876,500	$9,794	$10,357	$4,809,227	$5,159,900	$3,437,727	$3,428,378
98/03/13	$14,111,950	$20,090	$21,217	$9,952,659	$10,494,800	$7,042,359	$7,048,316
98/03/16	$5,997,200	$8,541	$9,024	$4,193,890	$4,497,700	$2,995,040	$2,993,105
98/03/18	$17,545,950	$24,988	$26,420	$12,272,987	$13,161,100	$8,768,637	$8,750,795
98/03/19	$36,412,420	$51,868	$54,528	$28,049,995	$24,641,500	$18,096,575	$18,261,391
98/03/20	$11,195,420	$15,930	$16,847	$7,838,574	$8,387,700	$5,592,154	$5,586,351
98/03/23	$17,190,130	$24,480	$25,793	$12,005,090	$12,887,100	$8,561,490	$8,602,833
98/03/24	$17,258,550	$24,576	$25,949	$12,412,280	$12,593,700	$8,612,230	$8,620,305
98/03/25	$17,451,690	$24,850	$26,231	$12,645,005	$12,638,600	$8,706,105	$8,719,296
98/03/26	$53,276,480	$75,870	$80,709	$39,963,015	$37,409,300	$26,352,367	$26,801,009
98/03/27	$16,352,600	$23,296	$24,528	$13,478,423	$10,196,400	$8,139,823	$8,188,247
98/03/30	$124,000	$176		$112,100	$112,100	$111,751	

$435

$2

$363,003,350

成交總金額	$363,003,350
手續費總金額	$516,977
淨收金額	$180,936,843
當沖總賠	$-265,982
交易稅總金額	
淨付金額	
總淨收付金額	

JAVA HTML

資料提供：
自營部交易記錄
兆豐證券提供

2009年04月
獲利 972, 374元

當沖損益＝(手續費83%退佣) + (當沖賺賠)

657, 033×0. 83＋427, 037＝972, 374

兆豐證券

日期						
98/04/14	$20,000,640	$28,470	$30,170	$14,394,149	$14,614,800	$10,013,739	$9,956,559
98/04/15	$24,175,900	$34,439	$36,248	$19,127,439	$15,871,000	$12,030,589	$12,109,076
98/04/16	$12,906,890	$18,375	$19,412	$10,661,264	$8,041,900	$6,443,184	$6,444,241
98/04/17	$37,243,560	$53,045	$55,969	$26,028,014	$27,926,600	$18,576,394	$18,611,088
98/04/20	$27,079,910	$38,560	$40,746	$18,927,823	$20,321,900	$13,527,493	$13,511,549
98/04/21	$25,882,940	$36,856	$38,911	$19,326,553	$18,174,600	$12,914,763	$12,929,170
98/04/22	$15,782,570	$22,481	$23,796	$13,395,480	$9,493,200	$7,899,010	$7,859,657
98/04/23	$16,832,160	$23,961	$25,415	$13,276,683	$11,143,300	$8,434,803	$8,371,779
98/04/24	$20,351,750	$28,983	$30,633	$16,745,573	$12,750,900	$10,165,823	$10,155,189
98/04/27	$15,162,140	$21,594	$22,883	$11,575,393	$10,419,200	$7,594,993	$7,544,130
98/04/28	$35,858,620	$51,062	$54,039	$27,634,923	$24,361,900	$17,938,453	$17,865,874
98/04/29	$20,243,450	$28,824	$30,457	$15,726,537	$13,610,800	$10,108,867	$10,104,038
98/04/30	$22,990,590	$32,745	$34,649	$16,947,486	$16,387,800	$11,499,486	$11,456,290

成交總金額		$461,424,250
手續費總金額	$657,033	交易稅總金額
淨收金額	$230,703,336	淨付金額
當沖賺賠	$427,037	總淨收付金額

2009年05月

獲利 1,028,748元

當沖損益＝(手續費83%退佣)＋(當沖賺賠)

807,803×0.83＋358,272＝1,028,748元

兆豐證券

	成交總金額	手續費總金額	淨收金額			
98/05/11	$11,847,060	$16,875	$17,829	$8,281,765	$8,888,800	$5,917,665 $5,911,509
98/05/12	$22,670,300	$32,294	$34,145	$15,849,941	$17,014,300	$11,331,941 $11,304,080
98/05/13	$26,691,150	$38,010	$40,157	$19,005,928	$19,674,400	$13,327,528 $13,323,345
98/05/14	$24,264,000	$34,554	$36,541	$18,210,111	$16,964,000	$12,127,861 $12,099,456
98/05/15	$41,292,000	$58,800	$62,067	$31,235,465	$28,586,100	$20,598,315 $20,631,482
98/05/18	$32,284,350	$45,966	$48,596	$19,175,093	$23,392,900	$16,128,640 $16,106,932
98/05/19	$27,414,000	$39,047	$41,296		$20,567,600	$13,705,093 $13,667,436
98/05/20	$34,584,000	$49,264	$52,039	$25,589,249	$24,529,900	$17,269,749 $17,262,052
98/05/21	$32,274,020	$45,965	$48,556	$22,791,405	$23,979,500	$16,115,295 $16,110,016
98/05/22	$38,756,440	$55,186	$58,271	$29,690,506	$26,462,300	$19,338,476 $19,359,553
98/05/25	$39,468,750	$56,213	$59,469	$27,974,039	$29,248,100	$19,735,589 $19,673,421
98/05/26	$47,219,650	$67,250	$71,006	$33,435,928	$34,983,700	$23,566,428 $23,582,034
98/05/27	$59,287,250	$84,447	$89,202	$41,942,690	$44,481,600	$29,604,640 $29,593,139

成交總金額	
手續費總金額	$807,803
淨收金額	$286,462,540
當沖賺賠	$358,272
交易稅總金額	$567,175,190
應付金額	
總淨收付金額	

2009年06月
獲利 989,914元

當沖損益＝(手續費83%退用) + (當沖賺賠)

868,288×0.83＋269,235 ＝ 989,914元

兆豐證券

日期						
98/06/12	$40,881,700	$58,231	$61,467	$28,835,047	$30,564,300	$20,400,247	$20,419,845
98/06/15	$21,722,300	$30,935	$32,680	$15,184,106	$16,295,700	$10,846,556	$10,842,971
98/06/16	$21,502,600	$30,628	$32,349	$15,027,890	$16,132,800	$10,736,190	$10,733,967
98/06/17	$19,853,600	$28,282	$29,876	$13,882,536	$14,890,500	$9,915,136	$9,908,494
98/06/18	$31,264,920	$44,529	$46,985	$21,846,625	$23,447,100	$15,594,355	$15,623,489
98/06/19	$18,443,100	$26,265	$27,757	$13,703,166	$13,099,400	$9,211,766	$9,203,488
98/06/22	$12,346,550	$17,586	$18,597	$8,637,122	$9,262,300	$6,172,572	$6,155,305
98/06/23	$34,036,400	$48,477	$51,251	$23,803,814	$25,533,300	$17,008,914	$16,976,042
98/06/24	$30,857,300	$43,950	$46,420	$21,566,837	$23,147,800	$15,406,347	$15,404,397
98/06/25	$24,872,000	$35,421	$37,425	$19,118,804	$16,926,600	$12,420,754	$12,413,700
98/06/26	$17,044,100	$24,278	$25,626	$12,636,306	$12,058,500	$8,504,806	$8,513,610
98/06/29	$17,823,100	$25,386	$26,950	$12,917,353	$12,952,100	$8,944,453	$8,851,489
98/06/30	$20,988,550	$29,890	$31,564	$15,453,001	$14,958,900	$10,475,351	$10,481,555

成交總金額		交易稅總金額
手續費退金額	$868,288	淨付金額
淨收金額	$304,447,014	總手收付金額
當沖賺賠	$269,235	

$609,640,620

2009年07月
獲利 518,980元

當沖損益＝（手續費83%退佣）＋（當沖賺賠）

750,551×0.83－103,977＝518,980元

兆豐證券

日期						
98/07/14		$34,068	$33,972			$11,998,548
98/07/15	$24,144,600	$34,388	$36,322	$17,499,032	$17,489,800	$12,054,782	$12,053,392
98/07/16	$55,235,300	$78,687	$82,809	$38,894,167	$41,415,300	$27,482,167	$27,670,363
98/07/17	$8,255,000	$11,759	$12,420	$5,769,682	$6,193,000	$4,121,682	$4,120,861
98/07/20	$28,130,500	$40,058	$42,333	$21,072,064	$19,696,500	$14,049,064	$14,038,955
98/07/21	$25,519,150	$36,348	$38,403	$18,849,515	$18,164,500	$12,744,665	$12,735,966
98/07/22	$19,489,010	$27,751	$29,309	$14,199,786	$14,040,600	$9,727,936	$9,731,686
98/07/23	$16,684,800	$23,751	$25,163	$12,118,689	$12,334,000	$8,351,109	$8,308,383
98/07/24	$13,384,550	$19,063	$20,172	$10,922,800	$8,484,500	$6,695,000	$6,669,285
98/07/27	$14,182,700	$20,194	$21,344	$10,229,226	$10,325,900	$7,083,826	$7,077,464
98/07/28	$12,612,720	$17,949	$18,960	$8,925,759	$9,348,500	$6,293,299	$6,300,418
98/07/29	$39,865,250	$42,536	$44,945	$20,881,961	$22,401,800	$14,916,461	$14,903,692
98/07/30	$16,065,550	$22,882	$24,244	$11,498,798	$11,805,000	$8,046,298	$7,994,874
98/07/31	$24,749,400	$35,252	$37,273	$17,462,427	$18,415,600	$12,370,827	$12,341,152

成交總金額		交易稅總金額	$527,002,190
手續費總金額	$750,551	淨付金額	
淨收金額	$263,054,203	總淨收付金額	
當沖賺賠	$-103,977		

2009年08月
獲利 269,068元

當沖損益＝(手續費83%退佣)＋(當沖賺賠)

618,858×0.83－244,584＝269,068元

兆豐證券

日期						
98/08/19	$17,305,900	$24,644				$8,617,012
98/08/20	$25,617,900	$36,481	$25,962	$12,082,612	$19,217,000	$12,788,128
98/08/21	$24,109,400	$34,334	$38,530	$17,905,078	$17,798,200	$12,032,033
98/08/24	$15,811,150	$22,514	$36,254	$17,134,933	$11,584,700	$7,888,696
98/08/25	$30,283,850	$43,135	$23,768	$11,323,096	$22,714,500	$15,114,132
98/08/26	$15,614,400	$22,240	$45,541	$21,165,682	$11,713,300	$7,794,363
98/08/27	$15,609,750	$22,227	$23,485	$10,912,763	$11,705,100	$7,806,977
98/08/28	$31,607,700	$45,012	$17,364	$10,928,227	$23,697,900	$15,758,166
98/08/31	$23,306,250	$33,198	$47,479	$22,085,676	$16,239,800	$11,631,060
			$35,045	$17,529,560		

成交總金額　$434,507,310

手續費總金額　$618,858　　　交易稅總金額

淨收金額　$214,342,597　　　淨付金額

當沖賺賠　$-244,584　　　總淨收付金額

股市提款卡獨家贈品：
部落格售後服務

只要是購買此書的書友，
最後一頁隨書附贈聚財網點數，
書友可免費至聚財網進行註冊與開卡，
開卡後立即享有獨家閱文權利。

於聚財網點選「個人部落格」後，搜尋「當沖贏家」，
開啟點數的書友即可免費閱讀當沖贏家最新最即時的文章。

開啟聚財點數請至
http://www.wearn.com/open/

http://www.wearn.com/blog.asp?id=57741

聚財網
http://www.wearn.com

188

聚財網叢書

編號	書　名	作　者	聚財網帳號	定價
A001	八敗人生	吳德洋	鬼股子	380
A002	股市致勝策略	聚財網編	八位版主	280
A003	股市乾坤15戰法	劉建忠	司令操盤手	260
A004	主力控盤手法大曝光	吳德洋	鬼股子	280
A005	期股投機賺錢寶典	肖杰	小期	320
A006	台股多空避險操作聖經	黃博政	黃博政	250
A007	操盤手的指南針	董鍾祥	降魔	270
A008	小錢致富	劉建忠	司令操盤手	350
A009	投資路上酸甜苦辣	聚財網編	八位版主	290
A010	頭部與底部的秘密	邱一平	邱一平	250
A011	指標會說話	王陽生	龜爺	320
A012	窺視證券營業檯	小小掌櫃	小小掌櫃	280
A013	活出股市生命力	賴宣名	羅威	380
A014	股市戰神	劉建忠	司令操盤手	280
A015	股林秘笈線經	董鍾祥	降魔	260
A016	龍騰中國	鬼股子	鬼股子	380
A017	股市贏家策略	聚財網編	七位作家	320
A018	決戰中環	鬼股子	鬼股子	380
A019	楓的股市哲學	謝秀豐	楓	450
A020	期貨操作不靠內線	曾永政	有點笨的阿政	260
A021	致富懶人包	黃書楷	楚狂人	260
A022	飆股九步	劉建忠	司令操盤手	280
A023	投資唯心論	黃定國	黃定國	260
A024	漲跌停幕後的真相	鬼股子	鬼股子	280
A025	專業操盤人的致富密碼	華仔	華仔	360
A026	小散戶的股市生存之道	吳銘哲	多空無極	300
A027	投資致富50訣	陳嘉進	沉靜	330
A028	選擇權3招36式	劉建忠	司令操盤手	300
A029	談指神功	nincys	nincys	300
A030	一個散戶的成長	蔡燿光	evacarry	300

聚財網叢書

編號	書　名	作　者	聚財網帳號	定價
A031	世紀大作手	鬼股子	鬼股子	250
A032	股票基金雙聖杯	劉建忠	司令操盤手	260
A033	用心致富	張凱文	小巴菲特	260
A034	趨勢生命力	賴宣名	羅威	380
A035	變臉	王陽生	龜爺	350
A036	股市提款機	陳信宏	當沖贏家	320
A037	決戰狙擊手之當沖密技	呂佳霖	nincys	520
A038	基金，騙局？一場夢！	王仲麟	基金殺手賤芭樂	320
A039	台指當沖交易秘訣	李堯勳	自由人freeman	320
A040	技術分析不設防	cola	cola	380
A041	漫步台股	維我獨尊	維我獨尊	320
A042	股市提款卡	陳信宏	當沖贏家	320

名家系列

編號	書　名	作　者	定價
B001	交易員的靈魂	黃國華	600
B002	股市易經峰谷循環	黃恆堉(2)	260
B003	獵豹財務長投資魔法書	郭恭克	560
B004	坐擁金礦	王俊超	380
B005	台北金融物語	黃國華	350
B006	台北金融物語二部曲	黃國華	370
B007	哇靠！這就是中國	萬瑞君	300
B008	翻身	萬瑞君	300
B009	投資心法豹語錄首部曲	郭恭克	350

圖表操作系列

編號	書　名	作　者	聚財網帳號	定價
C001	固定操作模式	劉富生	帆船手	320
C002	獵豹財務長投資藏寶圖	郭恭克(3)	郭恭克	560
C003	股票指數的型態趨勢研判	劉富生	帆船手	320

股市提款機
唯一敢
公開當沖交割單的天才操盤手

聚財網叢書A036
隨書附贈聚財點數100點

作　者：**陳信宏（當沖贏家）**
定　價：320元

本書詳細資料 http://www.wearn.com/book/a036.asp

　　從1999年投入股市至今已經有10個年頭了，一開始我的投資之路也和其他人一樣不順遂，買了股票後馬上就跌，賣了就漲上去；值得慶幸的是，不久後我終於明白真正的股市致富之道，那就是反市場操作。這幾年在股市裡，我憑著反市場操作，每個月都有幾十萬的穩定收入，也因此讓我樂於成為一個專職的投資人。

　　身為一個專職投資人，我最大的困擾就是常常被問到自己的職業，每每我總是很不好意思的回答：「自己在家操作股票。」通常都會給人投機取巧、不夠腳踏實地的感覺，之後或許會再追問「有賺到錢嗎？」之類的問題，我也只能回答：「還好、還好。」

　　出書是我人生中一個很意外的插曲，2008年正逢金融大海嘯，政府從10月1日禁止放空股票到11月底，連帶的也禁止當沖交易，在停止當沖的這段期間，幸蒙聚財網陳執行長力邀出書，幾經思考後，覺得出書不但能造福廣大的投資人，更是對自己的肯定，也能解決常被問到的職業問題，從此我就能理直氣壯的回答自己是個作家了。

　　我利用這兩個月停止交易的日子，將過去幾年的實戰經驗與心得著寫成冊，然因時間倉促，雖經數次校稿，內容難免會有疏漏或錯誤之處，還望讀者海涵。

　　投資這條路並不好走，希望藉由我的經驗，能讓讀者建立正確的投資觀念，不要再走我以前走過的冤枉路，更希望大家都能在股市裡找到專屬自己的提款機。

本書作者的第一本著作

國家圖書館出版品預行編目資料

股市提款卡 ： 絕不龜縮!再度公開當沖交割單!
／陳信宏著. -- 初版. -- 臺北縣板橋市 ：
聚財資訊，2009.12
面 ； 公分. --（聚財網叢書 ； A042）

ISBN 978-986-6366-04-8（平裝）
1.股票投資 2. 投資技術

563.53　　　　　　　　　　　　　　　98019043

聚財網叢書 A042

股市提款卡：絕不龜縮！再度公開當沖交割單！

作　　者	陳信宏
總 編 輯	莊鳳玉
編　　校	高怡卿・周虹安
設　　計	陳媚鈴

發 行 人	陳志維
出 版 者	聚財資訊股份有限公司
地　　址	22046 台北縣板橋市文化路二段327號4樓
電　　話	(02) 2252-3899
傳　　真	(02) 2252-5025

軟體提供	兆豐證券旺得福

法律顧問	萬業法律事務所　湯明亮 律師

總 經 銷	聯合發行股份有限公司
地　　址	231 台北縣新店市寶橋路235巷6弄6號2樓
電　　話	(02) 2917-8022
傳　　真	(02) 2915-6275
訂書專線	(02) 2917-8022

ISBN-13	978-986-6366-04-8
版　　次	2009年12月 初版一刷
定　　價	320 元

聚財點數100點

編　號：　　N36412

開啟碼：

啟用網址：http://www.wearn.com/open/

客服專線：02-82287755

聚財網 wearn.com - 聚財資訊